AF141277

Écrire pour dire, vivre, survivre

Témoignages d'Écrivains-Conseils®

Témoignages d'Écrivains-Conseils® © GREC 2022
Mise en forme et mise en page : Les coordonnateurs
Conception de la couverture : Les coordonnateurs
La couverture et les illustrations ont été réalisées à partir d'images de Gerd Altmann
mises à disposition sur le site web de partage Pixabay.
https://www.ecrivainsconseils.net/

Édition : BoD · Books on Demand,
31 avenue Saint-Rémy, 57600 Forbach, bod@bod.fr
Impression : Libri Plureos GmbH,
Friedensallee 273, 22763 Hamburg (Allemagne)
ISBN : 978-2-3225-7357-8
Dépôt légal : Mai 2025

Sandra Bensaïd, Chrystelle Chabanne-Chevalier
Line Cognat-Bertrand, François Godet, Murielle Naïtali
Coordonnateurs

Écrire pour dire, vivre, survivre

Témoignages d'Écrivains-Conseils®

GROUPEMENT DES ÉCRIVAINS-CONSEILS®

Parce qu'ils souffrent,
Parce qu'ils ne savent pas,
Parce qu'ils ne peuvent pas,
Parce qu'ils ont besoin d'écoute,
Parce qu'ils ont besoin de transmettre,
Parce que…, parce que…, parce que…

Nous, membres du Groupement des Écrivains-Conseils®, avons décidé de les raconter.

Histoires courtes, ou plus longues, chacune d'entre elles met en exergue le besoin réel de notre métier d'écrivain public, si ancien, si vaste, et pourtant méconnu du plus grand nombre. Elles nous ont été contées lors de plusieurs entretiens aboutissant à un récit de vie, d'ateliers d'écriture collective, de rendez-vous individuels ou encore de permanences administratives.

Pour que tout un chacun prenne conscience que nous existons et de ce que nous pouvons lui apporter,

Pour que vous, maires, conseillers départementaux, régionaux, ou tout autre instance, sachiez que votre population a besoin de nos services, gratuitement grâce à votre contribution, aujourd'hui plus que jamais, du fait de la fracture numérique qui ne cesse de prendre de l'ampleur, de la difficulté qu'ont de nombreuses personnes à lire et écrire et de l'isolement qui menace les plus fragiles,

Lisez, essayez de vous mettre à la place des protagonistes de ces instants de vie, vous comprendrez…

Sommaire

Histoires de paperasse

C'est dans le cadre de notre mission d'aide administrative que nous, Écrivains-Conseils®, pouvons exprimer toute la dimension sociale de notre profession, que ce soit dans le cadre de permanences au sein d'institutions ou auprès de particuliers.

Rompus aux rouages administratifs, nous sommes alors le trait d'union empathique et professionnel entre une administration souvent débordée, parfois aveugle, incompréhensive et incompréhensible et des usagers dépassés ou perdus.

À l'heure où l'on parle d'une généralisation de la numérisation, notre profession se modernise, s'adapte et l'écrivain public est aujourd'hui souvent qualifié de « numérique », justifiant plus que jamais sa qualité de « vieux métier d'avenir »[1].

Les témoignages qui suivent, bouleversants, amusants, voire agaçants, mais toujours édifiants, sont bien la preuve que notre métier reste indispensable.

---

[1] *Écrivain public : un vieux métier d'avenir*, Geneviève Madou, éditions du Puits Fleuri, 2009.

Le « poissard » administratif

Monsieur D. est malien. Il a effectué toute sa carrière professionnelle en France, employé dans le BTP et, surtout, il est ce que j'appelle un « poissard » administratif. En effet, je le connais depuis 2013 et, depuis, pas une seule de ses démarches administratives ne s'est déroulée normalement, que ce soit le renouvellement de son titre de séjour ou ses échanges avec la CAF (Caisse d'allocations familiales) ou le Pôle Emploi...

En ce printemps 2018, il vient d'atteindre 62 ans et souhaite demander sa retraite. Il est épuisé et ne parvient plus à trouver d'emploi depuis plusieurs années, à cause de problèmes de santé dus à ses conditions de travail antérieures.

Comme il est coutumier des délais de traitement des dossiers au sein de l'administration, il me demande de l'aider à remplir son dossier de retraite dès le mois de mars, pour un départ au 1er janvier 2019.

Nous voilà donc bien occupés pendant plusieurs semaines, à reconstituer la carrière de monsieur D. et début avril, tout est prêt. Monsieur D., par précaution, décide d'expédier son dossier en recommandé avec accusé de réception. Je ne peux que lui donner raison, surtout au regard des déboires qui suivront...

En effet, à la fin du mois de mai, il reçoit un courrier de la CNAV (Caisse nationale d'assurance vieillesse) lui indiquant que, s'il désire partir au 1er janvier, son dossier devra être renvoyé entre trois et six mois avant la date effective de l'arrêt définitif de son activité professionnelle. Nous décidons donc d'attendre le mois de juillet pour procéder à un nouvel envoi. Le jour J, monsieur D. rapporte son dossier, nous l'actualisons et il l'envoie de nouveau en recommandé avec accusé de réception.

Ne le voyant pas à mon retour de congé, en septembre, je me dis que, pour une fois, les choses suivent leur cours et qu'il va bientôt venir me consulter pour compléter le dossier de retraite complémentaire. Eh bien non !

Fin septembre, monsieur D. arrive, très ennuyé. Il a reçu une lettre de la CNAV lui expliquant que son dossier a bien été réceptionné, mais que, de nombreuses personnes entre 62 et 65 ans demandant leur retraite, leur dossier est prioritaire. Pour rappel, monsieur D. a eu 62 ans au mois de mars 2018. Je me fends donc d'un courrier dans lequel j'indique qu'il est bien compréhensible que ceux ayant atteint l'âge légal de départ en retraite soient prioritaires et que, justement, cela tombe bien, monsieur D. en fait partie !

Vers la fin du mois d'octobre, monsieur D. revient me voir, car le temps passe et il n'a toujours aucune nouvelle de la CNAV. Je commence alors à me dire qu'effectivement, quelque chose « cloche ». Je téléphone donc à la CNAV où un agent fort peu aimable m'affirme que monsieur D. ayant envoyé ses documents au début du mois, il est normal que sa demande ne soit pas encore traitée. Je lui rappelle alors que le dossier a été reçu bien avant puisque, le mois précédent, la CNAV voulait le faire passer après les autres. Je précise même qu'il a été réceptionné la troisième semaine de juillet, ainsi que le prouve l'accusé de réception reçu par monsieur D. Réponse laconique : « Ah ben, nous on a enregistré les documents que cette semaine, mais, ne vous inquiétez pas, il reste encore deux mois... »

Afin d'essayer d'accélérer les échanges avec la CNAV et de suivre l'avancée du traitement du dossier de monsieur D., je décide de lui créer un espace personnel sur le site de la CNAV. Normalement, rien de plus simple, il suffit d'enregistrer les nom, prénom, date de naissance, numéro de Sécurité sociale et adresse mail de la personne concernée. Je crée donc une adresse mail à monsieur D. et je renseigne les informations demandées et là, surprise !, un message m'annonce que la date de naissance est erronée.

Il faut savoir que, dans certains pays, les personnes nées avant les années 1960 ont un état civil incomplet, avec seulement une année de naissance indiquée. Lorsqu'elles vivent en France, la CAF ou la Sécurité sociale leur attribuent arbitrairement une date de naissance au 1er janvier ou au 31 décembre. Seulement voilà, monsieur D, bien que né en 1956, a une date de naissance complète et fort bien indiquée sur son titre de séjour. Subodorant un problème d'attribution abusive, je tente de joindre le service technique de la CNAV. À ce jour, je ne sais toujours pas si quelqu'un y répond de temps en temps au téléphone. De guerre lasse, je joins la CNAV « classique » et explique la situation. Une dame fort compréhensive accepte de m'indiquer la date de naissance attribuée à monsieur D. (bien sûr, rien à voir avec la sienne !) et je peux (enfin !) créer son espace personnel par le biais duquel je ne manque pas de rappeler que la date de départ en retraite de monsieur D. approche et qu'il n'a toujours rien reçu, ne serait-ce qu'une notification provisoire. Je demande à monsieur D. de revenir une quinzaine de jours plus tard, pour voir s'il y a du nouveau.

Début novembre, il arrive avec des documents envoyés par la CNAV et permettant d'ajouter la notion d'inaptitude à sa demande. Nous complétons donc ceux-ci et il les expédie le jour même, toujours en recommandé avec accusé de réception. Et c'est un nouveau dossier de demande de retraite pour inaptitude qui arrive chez monsieur D., sous forme de relance, deux semaines plus tard ! Et rien de nouveau sur son espace personnel ! Voyant rouge, je téléphone une fois encore à la CNAV et explique posément toutes les démarches entreprises depuis le mois d'avril en insistant sur le fait que le Pôle Emploi a déjà prévenu monsieur D. que le versement de l'ASS (Allocation de solidarité spécifique), dont il est bénéficiaire, s'achèvera au mois de décembre. Nouvelle formidable réponse : « Ah, mais ne vous inquiétez pas, il percevra sa retraite aux environs du mois de mars, je pense, avec effet rétroactif au 1er janvier ! »

Je demande alors froidement de quoi monsieur D. est censé vivre d'ici là. Un silence au bout du fil, puis : « Ah ben, c'est comme ça, on ne peut rien de plus... » Estomaquée, je salue la personne et raccroche. Monsieur D. et moi décidons alors d'envoyer un nouveau courriel par le biais de son espace personnel. Puis un autre, deux semaines plus tard.

Et là, miracle ! Au début du mois de décembre, monsieur D. m'annonce que, après m'avoir quittée lors de notre dernier entretien, il a reçu un appel téléphonique lui demandant d'apporter le plus rapidement possible certains documents. Passant sur le fait que ces derniers avaient bien entendu déjà été envoyés, monsieur D. a donc apporté lesdits documents et a reçu peu après une notification provisoire. Lors de sa visite à la CNAV, il lui a même été indiqué que le premier versement de sa pension surviendrait d'ici la mi-février.

Monsieur D. est soulagé, même s'il devra faire face à quelques difficultés financières en janvier. Mais que de temps et d'énergie perdus pour faire valoir ses droits face à une administration débordée et parfois de mauvaise foi !

Chrystelle Chabanne-Chevalier
MEMO'SCRIB
Paris (75)

Je vote, donc je sais ! Non, pas toujours...

Vendredi, 17 heures. J'arrive pour tenir ma permanence à la médiathèque d'A., petite ville de 35 000 habitants à la population vieillissante. C'est une permanence hebdomadaire d'écrivain public, d'une heure, mise en place par la médiathèque et financée par la Communauté d'agglomération (CABA). Bien sûr pour les consultants, c'est gratuit. Je les reçois dans un bureau clair et confortable, mais à la vue extérieure occultée : confidentialité garantie.

 J'arrive sur le parking. Une dame d'un certain âge, un peu courbée, tout de noir vêtue, son sac cabas bien serré contre elle, guette visiblement ma voiture. Il faut dire que celle-ci est reconnaissable entre mille puisque la vitre arrière est revêtue d'une publicité conforme à ma carte de visite. L'air un peu gêné, la vieille femme regarde à droite, à gauche, et s'avance vers moi. Je me dis qu'un grand sourire devrait venir à bout de sa timidité. Pourtant, je la sens inquiète, sur le qui-vive. Elle me chuchote : « Je ne sais pas si vous allez vouloir m'aider. Je voudrais envoyer une lettre au maire. C'est pour lui dire que je ne suis pas contente. » Je la rassure aussitôt. Bien évidemment que je vais pouvoir l'aider. Je lui explique que je peux écrire à qui elle veut, pour n'importe quel sujet, dans le respect de la moralité bien sûr, et que personne ne voit ce que j'écris.

Je l'invite à me suivre. Nous entrons dans le bureau. Je ferme la porte. Je la fais asseoir et j'écoute sa demande. Il s'agit de saisir le maire pour un problème d'autobus. Le réseau est géré par la ville. Tout d'abord, je prends le temps de la rassurer encore une fois en lui confirmant que personne ne sait qu'elle est là, que c'est complètement anonyme. Je rédige le courrier, le lui lis pour recueillir son assentiment et être sûre que j'ai bien compris ses attentes. Je lui tends enfin la lettre en lui disant qu'il faut qu'elle la signe. Elle me regarde, à nouveau paniquée : « Mais non, je ne peux pas signer. » Je lui demande pourquoi. « Si c'est moi, il ne me répondra pas. » J'insiste. Je lui montre que c'est son nom et son adresse qui sont en haut de la page. Je lui dis que je sais, par habitude, que le maire ou ses collaborateurs répondent toujours ; à A., c'est ainsi. J'insiste en lui expliquant que, moi, j'écris pour elle, mais que ce n'est pas ma demande à moi. Visiblement contrariée, elle me rétorque : « Non, il ne me répondra pas, car je n'ai pas voté pour lui. » Je reste un instant interloquée. Dans ma tête, cela se bouscule un peu. Comment le maire peut-il savoir qui vote ou non pour lui si on ne le lui dit pas ? J'essaie de comprendre. Je relance le dialogue pour tenter de savoir pourquoi elle est persuadée que le maire connaît le bulletin de vote qu'elle a mis dans l'urne. Et là, ma stupéfaction est à son comble. Elle me répond, avec l'air de penser « elle n'y connaît vraiment rien », que, lorsqu'elle a voté, on lui a fait signer un registre, comme à chaque fois. Je lui fais préciser : « Mais ce registre, vous le signez après avoir déposé l'enveloppe, par une petite fente, dans la boîte ? » « Oui et je montre deux fois ma carte d'identité », enchaîne-t-elle. D'un seul coup tout s'éclaire. Cette dame de 82 ans — qui n'a jamais raté une élection me confirmera-t-elle dans un instant — pense, depuis toujours, que lorsqu'elle signe le registre elle valide son bulletin et que tout le monde connaît son vote. J'ai un peu le vertige. Finalement, visiblement le système démocratique n'est pas bien compris de tous. Je suis effarée de penser que, tout au long de ces années, cette dame a été persuadée que les élus et leurs acolytes étaient au courant de ce qu'elle votait et que cela a peut-être, à un moment ou un autre, influencé son vote.

La conclusion est que, même lorsque l'on croit connaître « le terrain », on est parfois loin d'imaginer la réalité.

Dans le même esprit, un autre jour, une autre dame, plus jeune, voulait absolument recopier à la main le courrier que je lui avais fait pour le conseil départemental au motif qu'elle n'avait pas d'ordinateur et que, forcément, « dans les bureaux », ils le savaient !

Marie-Françoise Schenkel
Aurillac (15)

Schenkel
Marie Françoise

Quand la CAF s'en mêle

 Paulette a 61 ans. J'ai du mal à comprendre quand elle me parle. Elle est handicapée à plus de 80 %, et son handicap impacte fortement son élocution.

Comme vous vous en doutez, il est très difficile de trouver un emploi dans un tel cas. Paulette a eu des « petits boulots », mais rien depuis 2015… et elle élève seule ses enfants. Elle perçoit donc l'AAH (Allocation adulte handicapé), l'APL (Aide personnalisée au logement) et l'ASF (Allocation de soutien familial).

Mais…

Pendant quelques années, Paulette hébergea Léon, récemment décédé. Se sont-ils aimés ? Je ne l'ai pas vraiment su. Léon était officiellement domicilié chez elle, mais il n'y avait aucune relation financière entre eux.

C'est alors qu'eut lieu un contrôle de la CAF (Caisse d'allocations familiales). Du fait de son handicap, Paulette eut du mal à s'expliquer et le résultat du contrôle fit état d'un concubinage. Pourtant, pas de compte joint, et les impôts étaient payés séparément. S'ils avaient été réellement « concubins » au sens « financier », ils auraient eu tout intérêt à faire déclaration commune.

Cerise sur le gâteau, sa fille était étudiante en apprentissage, et Paulette ne savait pas qu'il fallait déclarer chaque mois le revenu supplémentaire. Il faut avouer qu'il y a de quoi s'y perdre : le revenu d'apprentissage est à déclarer mensuellement et pas annuellement !

Quoi qu'il en soit, Paulette est aujourd'hui devant moi, car elle est accusée de fraude à la CAF. Toutes ses aides sont stoppées, et elle a une dette rétroactive qui approche les 30 000 euros…

Paulette est fatiguée de se battre. On lit l'honnêteté sur son visage. Elle est prête à rembourser la CAF pour en finir, mais il faudrait en premier lieu que celle-ci lui rétablisse ses droits…

Le chien se mord la queue…

Le CCAS (Centre communal d'action sociale) n'a pas le temps de rédiger des courriers relatant des histoires si compliquées et l'a dirigée vers moi. Le temps de permanence n'aura pas suffi, j'ai terminé chez moi, sans me poser de questions.

Alors oui, écrire pour survivre…

Sandra Bensaïd
LES MOTS DE MOUKO
Ermont (95)

Quand Monsieur disparaît

 Simone a 78 ans.

17 janvier 2018, la catastrophe. Son mari décède à l'hôpital, l'y laissant seule et désemparée. Simone ne sait pas passer un appel avec le téléphone portable dont il se réservait l'usage. Dans le répertoire, une infirmière parvient à trouver le numéro d'une amie à appeler à l'aide. Elle le compose, passe l'appareil à Simone, qui le lui remet à la fin de la communication, ne sachant quoi en faire alors.

Quarante années de vie commune, quarante années à le laisser gérer la vie administrative et financière du couple. Et maintenant ? La famille ? Elle en est coupée depuis si longtemps…

Mon réseau nous met en contact. Nous sommes dans l'urgence. Le personnel du funérarium est dans le ton, les premières mesures sont prises grâce à ses conseils qu'*a posteriori* nous constaterons avisés et pertinents.

La condition de ma cliente est plus que précaire : à un endettement chronique et dangereux s'ajoute la totale méconnaissance de sa situation administrative et financière. Peu d'archives papier, Monsieur avait opté pour la dématérialisation du traitement. Il est malheureusement parti avec les éléments de connexion et l'ensemble des identifiants et mots de passe. L'ordinateur est verrouillé, pas de pense-bête pour nous aider.

Première opération : établir la liste des organismes auxquels ils s'adressaient. Pour cela, il faut rassembler les documents disponibles, les trier puis les classer. Enfin, faire appel à la mémoire de Simone.

Un tableau de bord recense les premières informations collectées. Elles sont rapidement complétées avec les coordonnées des établissements identifiés. Grâce au téléphone portable où Monsieur avait eu l'excellente idée de permettre la consultation de l'une des messageries qu'il utilisait, je peux retrouver les comptes et profils en ligne et créer ceux qui manquent.

Simone ne comprend pas bien ce qu'il se passe. Elle a conscience des enjeux et de la nécessité de gagner l'autonomie qui lui fait encore défaut. Sans toutefois imaginer un instant comment s'y prendre, sans être non plus persuadée qu'elle saura se montrer à la hauteur : ce monde la dépasse, l'univers qu'elle découvre lui est totalement étranger.

Cependant, avec les bribes récoltées précédemment et quelques heures de travail, je parviens à reconstituer la quasi-totalité des accès aux ressources pour mettre à jour la situation et procéder aux différentes démarches induites par ce récent veuvage.

Aux opérations en ligne viennent s'ajouter les nombreuses démarches par téléphone et par courrier. Je finis par gagner la confiance de mes interlocuteurs. Nous sommes dans un milieu rural, où il est plus facile de se connaître et de générer un capital confiance confortable.

Les jours et les semaines passent, la situation s'assainit. Isolée, esseulée, Simone semble trouver en ma présence une forme de réconfort. Petit à petit, je lui montre le détail de mes travaux. Il ne s'agit pas de lui mettre le pied à l'étrier pour la lâcher au galop, mais bien de l'accompagner vers une certaine autonomie.

Sur ma proposition, nous avons rencontré ensemble une assistante sociale de l'assurance retraite. Celle-ci a trouvé la situation bien prise en main. Elle nous a apporté son concours en facilitant la constitution et le traitement du dossier de demande de la CMU-C[2], obtenue quelque temps plus tard.

Si l'ordinateur lui reste sans doute à jamais étranger, Simone s'accoutume au téléphone, fixe ou portable. Elle apprend à lire et à envoyer des SMS. Elle ne craint plus de passer un appel. Ce dernier point demeure cependant limité aux personnes qu'elle connaît. Pour le reste, elle compte sur moi.

---

[2] La Couverture maladie universelle complémentaire (CMU-C) est aujourd'hui remplacée par la Complémentaire santé solidaire (CSS). (Note des coordonnateurs)

Aujourd'hui, ses papiers sont en ordre, sa situation administrative aussi. Il nous aura fallu pas loin de quatorze mois pour venir à bout des démarches liées à la réversion des revenus de Monsieur, abonné à de nombreuses caisses de retraite. Nous en aurons même profité pour régulariser une pension de retraite que Simone n'avait pas réclamée en son temps, faute d'avoir eu connaissance de cette ressource. C'était en 2003.

Les dettes ont fait l'objet de négociations avec le créancier unique. Un échéancier a été mis en place. L'apprentissage de la gestion du budget fut aussi une aventure. Ces dettes seront remboursées à la fin de cette année. À partir du mois de novembre, le pouvoir d'achat de Simone va faire un bond non négligeable.

Le tableau de bord réalisé pour synthétiser les démarches s'est enrichi, Simone sait maintenant le lire. Mes visites se sont espacées. Depuis quelques mois, je ne viens plus qu'une fois par mois, pendant une petite heure, ou à la demande si nécessaire, ce qui demeure très rare.

Un coup de téléphone de temps à autre, juste pour rassurer. Tout va bien maintenant.

Pascal Delugeau
VOTRE PLUME 83
Draguignan (83)

Un homme dévoué à « ses » femmes

Si monsieur B. était né dans les années 2000, il aurait sûrement été diagnostiqué « dys » : dysorthographique, voire dyslexique. Né dans les années 1940, il se retrouve à 74 ans avec des difficultés réelles face à l'écrit.

La vie de monsieur B. n'est pas un long fleuve tranquille. Il a régulièrement des courriers à faire, et subodore qu'il aura plus de chance d'être entendu si ses textes ne présentent pas une multitude de fautes d'orthographe et de grammaire.

Même s'il ne roule pas sur l'or, même s'il sait ce qu'il veut écrire, monsieur B. fait régulièrement appel à moi du fait de ses problèmes de dysorthographie. Je corrige ses lettres et parfois les reformule pour qu'elles soient plus percutantes. Je lui permets aussi de prendre du recul sur certaines de ses problématiques.

Il y a maintenant deux ans et demi, la compagne de monsieur B. a fait une grave chute dans son appartement. Emmenée en urgence à l'hôpital, elle y est restée plusieurs jours en réanimation, puis elle est passée d'hôpitaux en cliniques.

À la suite de cet accident, la compagne de monsieur B. est restée paralysée des membres inférieurs. La Maison départementale des personnes handicapées (MDPH) lui a attribué un taux minimum d'incapacité de 80 %, mais elle ne touche aucune pension.

Après deux ans d'hospitalisation, son état étant stationnaire, il a été question qu'elle rejoigne le domicile de monsieur B. à la fin des vacances d'été. Son handicap nécessitait la réalisation de travaux d'aménagements : construction d'une rampe d'accès pour fauteuil roulant sur l'arrière de la maison, installation d'une porte-fenêtre équipée de volets roulants. Début juillet 2018, commande a été prise pour les travaux avec une date d'exécution fixée à début août. Un chèque de presque 3 000 euros a été émis par monsieur B. et encaissé par la société censée exécuter les travaux ; un acompte de plus de 1 000 euros a été versé pour la commande de volets roulants.

À la date prévue, personne. Monsieur B. a tenté de joindre les prestataires, sans succès.

 C'est alors que monsieur B., que j'avais déjà secondé dans d'autres contextes, a fait appel à mes services pour l'aider à rédiger une lettre dans laquelle il demandait l'annulation de la commande et le remboursement de l'acompte encaissé. Il l'a d'abord envoyée en recommandé avec accusé de réception puis, après qu'elle lui a été retournée sans avoir été retirée, par voie d'huissier. L'huissier l'a informé que la société semblait fermée. Pourtant, lorsque je consultai fin octobre 2018 le site d'Infogreffe, celui-ci stipulait que la société n'était soumise « […] à aucune procédure de : règlement judiciaire et liquidation des biens (loi du 13/07/1967) ; redressement et liquidation judiciaire (loi du 25/01/1985), sauvegarde, redressement et liquidation judiciaire (loi du 26/07/2005) ».

Consulté à nouveau début janvier 2019, Infogreffe rapportait que la société était en cessation des paiements depuis mai… 2017, que le redressement avait été prononcé début novembre 2018 et converti en liquidation judiciaire fin novembre 2018. Il ne restait plus que deux jours à monsieur B. pour se faire connaître comme créancier chirographaire (simple) auprès du liquidateur judiciaire afin d'avoir une possibilité de se faire rembourser !

Pendant ce temps, le réaménagement de la maison n'avançait pas. Monsieur B. avait dû trouver d'autres entrepreneurs, et sa compagne avait dû retarder son départ de la maison de rééducation, laquelle lui avait accordé un délai jusqu'à mi-octobre, moyennant une somme non négligeable.

La date butoir arrivée, l'amie de monsieur B. emménageait dans une maison ouverte à tout vent, car les travaux n'étaient pas terminés. Est-ce cela ou la fatigue du déménagement ? Toujours est-il qu'elle attrapa un coup de froid qui évolua en bronchite, puis en pneumonie. Elle avait besoin d'aide. Monsieur B. faisait ce qu'il pouvait, et il dut attendre deux mois avant qu'une infirmière ne vienne le seconder.

Heureusement, monsieur B. est résistant. Tout comme sa mère, âgée de plus de 94 ans, qui habite la même rue et pour laquelle il fait également courses et cuisine.

Monsieur B. est à l'âge où, pour certains, le temps s'égrène avec une lenteur infinie. Mais, lui, est un homme pressé. Il court tout le temps pour s'occuper de ses deux femmes. Je ne le vois qu'en coup de vent.

Ces derniers temps, je le sens à bout. Il fait le bilan. Il a été cambriolé sept fois. Des adolescents ont brûlé sa voiture, alors il se sert de celle de son amie qui tombe régulièrement en panne et que des voyous ont fracturée pour voler le téléphone portable qu'il avait oublié sur le siège. À ceci s'ajoutent d'incessants problèmes de téléphonie. Un premier opérateur lui a coupé ses lignes sans raison, supprimant ainsi l'appel de l'alarme de sa maison. Un des cambriolages aurait-il été évité sans cela ? Les services du second opérateur n'étaient pas fiables et les pannes se multipliaient. Monsieur B. ayant refusé de payer, l'opérateur a fait intervenir un huissier pour une somme s'élevant à moins de 150 euros. C'est à cette occasion que je lui avais écrit ses premières lettres en lui rappelant la procédure à suivre : lettre au service client, puis en l'absence de réponse sous un mois au service consommateur, puis au médiateur des communications. Après avoir testé un troisième opérateur au prix exorbitant, monsieur B. a pour le moment renoncé à Internet et au téléphone fixe. Le tout mis bout à bout le mine.

En avril 2018, Monsieur B. a déposé un dossier de « déclaration de situation pour les prestations familiales et les aides au logement », pour tenter d'obtenir une aide financière. Il a exposé sa situation familiale : divorcé, en couple, sans enfant, en suivant très scrupuleusement le formulaire *ad hoc*. La Caisse d'allocations familiales (CAF) lui a attribué un numéro d'allocataire et lui a demandé d'apporter de nombreuses précisions, lui adressant six lettres en quatre mois. Finalement, début janvier 2019, Monsieur B. a reçu une réponse négative.

Ce n'est pas tant le refus qui l'a dépité et mis en colère que la raison évoquée : « Le règlement de l'action sociale de la CAF ne prévoit pas d'intervention en aides financières pour les allocataires n'ayant pas d'enfant à charge ». Monsieur B. a eu l'impression que l'« on » avait joué avec lui. Dès avril, il avait exposé sa situation familiale : il était, et resterait — à plus de 70 ans, imaginez ! —, sans enfant. On lui avait fait perdre un de ses biens les plus précieux : son temps, ainsi que celui des gestionnaires de la CAF qui ont pourtant pléthore de dossiers à traiter. Monsieur B. a tenu à exprimer son ressenti au directeur de la CAF. Je l'y ai aidé.

Monsieur B. est saturé et épuisé par sa situation, incompatible avec la santé d'un homme de 70 ans passés. La dernière fois qu'il est venu me voir, il était désespéré, car la Caisse primaire d'assurance maladie (CPAM) supprimait la prise en charge à 100 % des soins médicaux de sa compagne. Il m'a quittée sur ces paroles. « C'est franchement n'importe quoi. Et moi encore, je vous ai, vous. Comment ils font pour se débrouiller, ceux qui n'ont personne ? »

Oui, comment font-ils ceux qui n'ont personne pour une écoute attentive ? Ceux qui ne savent pas vers qui se tourner pour tenter de démêler des pelotes administratives ? Comment font-ils ceux qui ont besoin d'un écrivain public, mais qui ne peuvent payer le prix — justifié — d'une lettre écrite par un professionnel ? Il existe heureusement des permanences proposées notamment par les mairies. Leur importance n'est pas à démontrer.

Murielle Naïtali
PLACE DES ÉCRITS
La Ville-du-Bois (91)

En chute libre

Jean-Paul a une cinquantaine d'années. Il est perdu. Depuis 2015, sa situation empire. Initialement artisan taxi, il a perdu son emploi du fait d'un surpoids provoquant des endormissements au volant. Cela a entraîné une dépression, puis la perte de son logement.

Dans un premier temps, il a vécu chez sa mère avec l'une de ses filles, alors avec lui, mais désormais placée sous tutelle de la juge du fait de l'abandon de sa mère et des maltraitances de sa grand-mère.

À cause de ces dernières, Jean-Paul et sa fille ont quitté ce domicile et trouvé à dormir chez des « vendeurs de sommeil », à des prix exorbitants et sans possibilité pour lui d'accueillir ses deux autres enfants. Ceux-ci vivent toujours chez leur mère, qui s'en occupe très mal.

Lorsque je le rencontre, Jean-Paul est à la rue et se loge à l'hôtel.

Professionnellement, il s'est mis à la retraite début 2016, a repris une fonction d'artisan taxi en août 2017, puis signé un contrat à durée déterminée (CDD).

La situation est urgente, il ne sait plus quoi faire pour s'en sortir et pouvoir récupérer tous ses enfants.

Je l'aide donc à résumer par écrit cet enchaînement de catastrophes, et le dirige vers les assistantes sociales. Il me sourit. Parler, et être écouté, lui a fait du bien.

Je l'ai reçu en permanence début 2018. Depuis, pas de nouvelles, donc, je l'espère, bonnes nouvelles ☺…

Sandra Bensaïd
LES MOTS DE MOUKO
Ermont (95)

Bien comprendre pour bien argumenter

Patrice, 55 ans. Un annuaire téléphonique nous met en relation. Patrice a besoin d'écrire quelques lettres et cherche de l'aide pour ce faire. Nous prenons rendez-vous et notre relation commence.

 Propriétaire d'un appartement dans une ville voisine du bord de mer, Patrice rencontre de nombreux problèmes avec son locataire.

Ce dernier ne paie plus de loyer depuis plusieurs mois. Il a détérioré le logement et une partie des communs de la résidence. Les barbecues sur le balcon, les soirées et les nuits agitées par la musique et l'alcool sont autant de nuisances à porter au compte de cette personne d'évidence peu encline à cultiver le vivre ensemble avec ses voisins comme avec le propriétaire de son appartement.

Patrice a fait appel aux ressources vers lesquelles on l'a déjà dirigé : police, syndic, point d'accès au droit, sans grand succès jusqu'à présent. Il a bien conscience d'avoir ce droit pour lui, et souhaite le solliciter du mieux possible. C'est pourquoi il veut que les lettres qu'il destine au maire et au préfet soient impeccables.

Dans un premier temps, il me faut expliquer à Patrice ce que les instances auxquelles il s'est précédemment adressé lui ont répondu. Ces éléments permettent d'orienter la rédaction des lettres attendues. Mon client découvre des nuances et autres finesses que sa maîtrise de la lecture ne lui avait pas encore livrées.

Pour compléter sa compréhension de la situation, je lui explique comment fonctionnent ces institutions : quelles sont les attributions du maire, celles du préfet, quels sont les pouvoirs et les limites de la police, etc. Dans l'esprit de mon client s'éclaircissent alors les données de son problème. Il prend confiance en sa démarche.

Après ce préalable indispensable, je suis en mesure de lui fournir la formulation de ses arguments, que nous venons de déterminer. La rédaction commence, nous la menons de concert. Je lui explique certaines tournures qui lui paraissent de prime abord un peu floues. Avec succès.

Au terme d'un entretien d'une heure, Patrice repart avec ses deux lettres et les consignes, ou plutôt les conseils, d'expédition.

Quelques mois plus tard, nous nous croisons sur le marché du samedi matin. Patrice est ravi de me rencontrer et me livre sa satisfaction d'avoir fait appel à mes services. Les démarches que je l'ai aidé à réaliser ont conduit à l'expulsion de son locataire indélicat. Après quelques travaux de réfection, Patrice a préféré vendre son bien plutôt que prendre le risque de renouveler l'expérience.

Pascal Delugeau
VOTRE PLUME 83
Draguignan (83)

Une jeune étudiante soucieuse

Certaines des personnes rencontrées dans les permanences d'écrivain public ou en cabinet n'ont pas de problèmes particuliers avec l'écrit, mais sont, à un moment ou à un autre, perdues dans une situation dont elles ne savent pas comment sortir, malgré leur volonté. Yasmine [prénom modifié] en fait partie.

Lorsque j'ai connu Yasmine, nous étions début novembre et elle était désespérée. Titulaire d'une licence, elle avait multiplié les candidatures pour effectuer un master en adéquation avec son projet professionnel, mais elle n'avait eu aucun retour positif. Elle avait donc engagé — comme elle en avait le droit — une procédure auprès des services rectoraux afin que lui soit proposée une place dans un master. Elle s'était pour cela inscrite, dans les délais impartis, sur le portail national gouvernemental « trouvermonmaster.gouv.fr » où il était stipulé : « [...] en fonction des places restées vacantes, il [le rectorat] vous soumettra, dans les meilleurs délais, 3 propositions de poursuite d'études en master en lien avec votre parcours personnel et avec votre projet professionnel. Cette proposition interviendra au plus tard en octobre de la nouvelle année universitaire. » Elle n'avait pas reçu de réponse lors de notre première rencontre et n'avait jamais obtenu d'interlocuteur qui puisse lui répondre, alors même qu'elle s'était déplacée à l'académie de Versailles. Une lettre d'insuccès lui parviendra bien tardivement le 30 novembre.

La jeune fille aux longs cheveux bruns qui s'était tenue devant moi début novembre affichait une douceur qui n'enlevait rien à sa volonté. Elle « voulait », mais ne savait pas comment s'y prendre. Ce jour-là, elle souhaitait formaliser une  lettre au député essonnien Cédric Villani, afin qu'il la reçoive pour discuter ensemble des solutions qui s'offraient à elle « pour une poursuite sereine de master. » Ce sera un autre député qui s'entretiendra avec Yasmine et lui proposera d'appuyer si nécessaire ses démarches.

Parallèlement, Yasmine avait cherché à comprendre les raisons des multiples refus essuyés. Elle s'était même rendue sur place le jour de la rentrée de certains masters pour faire part de sa motivation. Et là, le verdict était tombé : son dossier était trop faible et aucun master ne l'accepterait dans ces conditions.

Yasmine a alors décidé de redoubler sa troisième année de licence (L3) et a, à nouveau, entamé de nombreuses démarches : candidatures à différentes universités, appels téléphoniques, courriels, déplacements pour expliquer sa situation. Nouvelle déconvenue : les réponses n'arrivaient que peu et pointaient une demande d'inscription trop tardive ! Tout cela car elle avait vainement compté sur « trouvermonmaster.gouv.fr » !

Lorsque, finalement, une université lui demanda de formaliser sa demande pour que son cas soit étudié, Yasmine me recontacta. Ensemble, nous avons rédigé une lettre qui exposait sa situation, son projet professionnel, et toutes les démarches effectuées pour d'abord s'inscrire en première année de master, puis pour redoubler sa troisième année de licence. La motivation était évidente tout comme les raisons du retard d'inscription. Yasmine a enfin pu redoubler sa L3 !

Yasmine me recontactera à plusieurs occasions, notamment en cours de L3 pour relire des lettres de motivation pour des candidatures en master, puis en stage. Elle intégrera le master sélectif qu'elle souhaitait tant depuis le début.

Yasmine m'exprimera sa reconnaissance pour non seulement le travail d'écriture, mais aussi l'approche humaine et le soutien moral.

Murielle Naïtali
PLACE DES ÉCRITS
La Ville-du-Bois (91)

Immersion dans la fosse abyssale de l'administration

 Ce n'est pas parce qu'on est écrivain public qu'on est préservé des aléas administratifs. Cette histoire, qui m'est arrivée et pour laquelle la somme engagée est minime par rapport à d'autres, témoigne de la stupidité de situations liées notamment à la dématérialisation.

Fin de l'année 2016. Je reçois mon avis de paiement de la CFE (Cotisation foncière des entreprises), pour mon cabinet d'Écrivain-Conseil®, soit 134 euros, à régler avant le 15 décembre.

Je me rends sur le site de net-entreprise pour me connecter. Je rentre mon identifiant et mon code, rien ! J'essaye plusieurs fois, sans succès. Je laisse passer quelques jours tout en renouvelant mes tentatives de temps en temps, peine perdue. Je téléphone pour obtenir de l'aide, rien n'y fait. Je commence à m'inquiéter, car l'échéance arrive à grands pas. Je n'ai aucune envie d'être passible d'une amende.

Je décide donc de me déplacer jusqu'aux locaux du service des finances publiques afin de régulariser ma situation. Je prévois une marge avant l'ouverture pour ne pas attendre trop longtemps. Bonne idée, il y a au moins huit personnes avant moi ! Mon tour arrive enfin. J'explique mon problème au guichetier qui m'oriente aussitôt vers le centre de paiement. Je règle mon fameux tribut par carte bancaire puisque les chèques ne sont pas acceptés. Je repars le cœur léger, mes récépissés en poche.

Quelle n'est pas ma surprise, un mois plus tard, de recevoir une lettre me signifiant que j'ai un redressement de « 0,2 % avec minimum de 60 euros » pour non-télépaiement de ma taxe. Il est écrit très exactement : « Dans votre cas, la majoration s'élevant à : 134 € x 0,2 % soit 0,27 €, le minimum de 60 € est retenu. » C'est un coup dur, 60 euros représentent une augmentation d'environ 50 % !

J'appelle la responsable du service des professionnels au centre des impôts de Florac. Je lui expose mon cas, m'étonnant de recevoir une amende puisque j'ai tout fait pour l'éviter. Je lui propose d'envoyer les doubles de mes justificatifs pour prouver ma bonne foi.

Elle me répond qu'elle les a déjà dans son dossier et que cette pénalité vient du fait que je n'ai pas payé en ligne. « D'ailleurs, me dit-elle, si vous ne télépayez pas les 60 euros, vous aurez une nouvelle majoration jusqu'à votre télépaiement. »

C'est un comble, vive la dématérialisation !

Bien décidée à ne pas me laisser faire, je l'interroge pour savoir à qui adresser une demande de remise gracieuse. Elle me répond textuellement : « À moi, mais, je vous préviens, je n'en accorde aucune. Par contre, ça vous fera gagner du temps. »

J'écris donc ce courrier et je le poste.

Devant l'absurdité de cette situation, je cherche une solution sur Internet. Je trouve un article publié dans le Journal officiel du Sénat du 27 octobre 2016 qui spécifie : « [...] il est rappelé que les entreprises sans salarié, tel peut notamment être le cas des autoentrepreneurs, sont considérées comme n'ayant pas débuté leur activité tant qu'elles n'ont réalisé aucun chiffre d'affaires ou recettes. Dans ce cas, elles ne sont pas imposables à la CFE. » C'est exactement ma situation ! Je voulais juste éviter la majoration, mais, du coup, je ne dois même pas la CFE !

Le 18 avril 2017, je m'empresse d'envoyer, à la responsable des impôts de Florac, une missive avec copie du texte pour justifier ma demande d'exonération, le remboursement de cette taxe ainsi que l'annulation de l'augmentation qui n'a plus lieu d'exister.

Le temps passe, mais je ne reçois aucune réponse. J'appelle plusieurs fois sans succès, cette personne reste injoignable. De guerre lasse, le 1er août 2017, je décide de saisir le Médiateur de la République et lui transmets, par l'intermédiaire de mon député, un courrier accompagné des justificatifs nécessaires à la bonne compréhension de mon dossier.

J'attends à nouveau.

Le 21 novembre, je reçois une lettre du fisc me signifiant que mon affaire est en cours d'examen et qu'elle nécessite un délai supplémentaire. Un astérisque me renvoie à une note de bas de page précisant que : « En l'absence éventuelle de réponse dans un délai de six mois à partir de cette date, la demande est réputée rejetée. » Chercherait-elle à gagner du temps ?

À bout de patience, je rappelle le centre des impôts de Florac. Miracle, j'obtiens un rendez-vous.

Je me présente au service des finances où je suis reçue par un petit bout de femme qui ne correspond pas du tout à l'idée que je me faisais d'un agent des impôts. Elle me fait entrer dans son bureau dont elle ne referme pas la porte. Pas de confidentialité ; tant pis, ce qui compte c'est que je puisse enfin faire reconnaître mes droits.

Elle sort mon dossier, m'énonce que, effectivement, elle a vérifié l'article du Journal officiel du Sénat et que je serai donc remboursée des 134 euros qui me sont dus. Quand je lui demande si le virement sera rapide et si la majoration sera bien annulée, elle me répond que, pour le virement, elle ne sait pas trop, car elle a six mois pour s'en acquitter. Quant au redressement, elle va y réfléchir ! Interloquée, je lui rétorque qu'il serait absurde d'avoir une majoration sur une somme qui n'existe plus. Cela la laisse de marbre.

Comprenant que c'est sa façon d'exercer « son pouvoir », je m'apprête à une nouvelle attente. Aussi je n'en crois pas mes yeux quand, un mois plus tard, je m'aperçois que le virement a été effectué !

Au regard de l'attitude de cette femme et de sa mauvaise foi évidente, je me félicite d'avoir saisi le Médiateur !

Finalement, je me dis que le pot de terre a parfois le dessus sur le pot de fer et qu'il ne faut jamais lâcher prise quand on est dans son droit.

Françoise Martel
LA CLÉ DE VOS MOTS
Saint-Michel-de-Dèze (48)

Se loger ne rime pas toujours avec dignité

Les problèmes liés au logement occupent une large part dans notre activité d'écrivain public, qu'ils concernent les familles en attente désespérée d'un logement, les propriétaires qui ne parviennent pas à recouvrir le paiement de loyers, les locataires en proie aux affres de l'expulsion programmée, les voisins qui ne s'entendent pas avec ceux du dessous, du dessus ou d'à côté... Toutes ces personnes qui font appel à nous afin de rédiger pour leur compte des demandes de délais, des réponses argumentées, des mises en demeure, et maintes autres requêtes ont en commun beaucoup d'échanges antérieurs dont il nous faut prendre connaissance rapidement en même temps que les explications données, rendues souvent confuses par l'énervement, l'accablement et la colère des usagers en face de nous.

L'un des motifs de rendez-vous concerne aussi les conditions d'hygiène de logements devenus malsains par un défaut d'entretien et où vivent des familles piégées par l'urgence de trouver un toit. Nous avons alors à rédiger des lettres adressées aux propriétaires qu'il faut convaincre, à l'aide d'articles de loi soumis par des juristes[3], de procéder à des travaux de remise en état de ces logements qui peuvent être qualifiés d'insalubres ou d'indécents. Il s'agit là de la première étape d'une procédure qui, accompagnée ensuite par les pouvoirs publics, peut aboutir à la réhabilitation de l'habitation. Du moins, le respect du processus passe par là, car pour ce qui est des résultats...

Les témoignages des usagers nous laissent parfois pantois. Les « marchands de sommeil » — belle expression pour désigner des fripouilles qui exploitent la misère des autres ! — louent pour des petites fortunes de véritables taudis, profitant de la détresse de ceux qui cherchent désespérément un toit pour s'abriter. Voici deux situations parmi tant d'autres malheureusement rencontrées.

---

[3] Les écrivains publics ne sont pas des juristes et ne peuvent empiéter sur les professions protégées.

Madame H. était une habituée du point d'accès au droit où j'officie régulièrement. Après avoir quitté un compagnon brutal, elle s'était retrouvée à la rue, sans famille et sans amis. Quand ses moyens le lui permettaient, elle allait à l'hôtel. Le reste du temps, elle vivait dans sa voiture. Lorsque j'avais découvert sa situation, j'étais restée stupéfaite, car en face de moi était assise une femme habillée, coiffée et maquillée avec le plus grand soin. Tous les matins, dès que le supermarché Auchan ouvrait ses portes, elle allait faire sa toilette dans l'espace sanitaire du centre commercial, et ensuite elle partait à son travail où personne ne soupçonnait sa détresse. Nous avions entrepris de très nombreuses démarches pour faire reconnaître le caractère urgent et prioritaire de sa demande de logement, sans succès. Sa condition de personne seule, sans enfant, travaillant avec un contrat à durée déterminée, ne répondait pas aux critères retenus pour déterminer le besoin impérieux d'une aide au relogement alors que ses faibles revenus l'empêchaient d'accéder à un autre horizon que le parc social. Elle avait malgré tout fini par trouver une pièce à vivre dans un petit immeuble géré par un propriétaire privé. Elle vint alors me voir pour écrire à son bailleur en m'apportant des photos du réduit dans lequel elle habitait dorénavant. Les murs ruisselaient d'humidité, les tuyaux d'écoulement des eaux usées étaient percés, le lavabo descellé… Je lui ai demandé si elle avait demandé à son propriétaire de faire des travaux. « Quand il vient chercher l'argent du loyer, me répondit-elle, je lui dis qu'il y a des problèmes, mais il répond qu'il n'a pas de temps pour s'occuper de tout ça et qu'il est déjà bien gentil de me louer quelque chose. »

En évaluant à huit cents euros payés en espèces le prix de sa gentillesse, ce bailleur rentabilisait au mieux sa générosité !

Je préparais déjà dans ma tête les mots à écrire à son propriétaire quand madame H. me dit : « Je voudrais lui dire que je peux faire les travaux moi-même, mais je voudrais juste qu'il répare la chaudière pour avoir du chauffage parce que j'ai trop froid. On va lui écrire, mais il faut faire attention ! Il ne faudrait pas qu'il me demande de partir si ça l'énerve ! »

Mon rôle est de conseiller, mais avant tout de rédiger pour transcrire le besoin des usagers. Ma colère, mon dégoût n'ont pas à intervenir dans mon travail de rédactrice. C'est difficile, parfois. Dans le cas de madame H., je dois avouer que j'ai dû corseter mes arguments pour écrire une lettre suffisamment affable afin de ne pas froisser et encore moins irriter le requin qui lui servait de bailleur...

Notre métier d'écrivain public nous oblige à pénétrer le temps d'une lettre dans l'intimité des personnes qui nous confient leurs problèmes et la confidentialité fait partie de nos obligations. Nous devons rester imperturbables, mais comment ne pas être troublés par ce que nous découvrons, entendons, révélons au travers des cas qui nous sont confiés ?

Ces émotions sont liées à la charge mentale que nous devons assumer avant de pouvoir la gérer. Il arrive aussi que, lors d'un entretien, nous soyons tout à fait désarçonnés.

Ce fut mon cas lorsque madame D. vint me trouver afin que je signifie à son propriétaire l'urgence d'une intervention pour assainir l'appartement qu'elle lui louait.

« Et puis, il faut lui dire qu'il y a des cafards qui circulent et qu'il faut envoyer des démineurs [textuellement]. Il y en a plein, des cafards, vous savez. D'ailleurs vous allez voir, j'en ai ramassé ce matin pour vous montrer... »

À mon grand effroi, elle ouvrit un sac en plastique qu'elle avait extirpé de son cabas et, toute fière, me le mit sous le nez pour que j'identifie bien la nature des horribles petites bêtes noires !

Je n'osais plus respirer ! Je me suis levée de ma chaise d'un bon, partagée entre la détresse et la colère. Cependant, quand j'ai vu son regard perdu, son expression désolée, je me suis rendu compte que la pauvre femme, qui vivait dans la misère sous les yeux indifférents de son logeur, ne savait simplement plus comment rendre visibles ses problèmes.

Alors, j'ai moi-même replié la pochette avec moult précautions, puis j'ai expliqué à madame D. que je n'avais pas besoin de ce genre de preuves pour la croire et que si elle voulait que je continue à écrire pour elle, il ne fallait plus jamais m'apporter d'échantillons de la sorte. Les photos qu'elle m'avait apportées et ses dires me suffisaient amplement pour apprécier l'étendue de ses soucis, l'ai-je assurée. J'ai ensuite repris mon souffle et je me suis mise à rédiger une lettre où les mots ont aisément trouvé leur force pour faire réagir le bailleur...

Une semaine plus tard, madame D. est revenue me voir pour m'annoncer que les « démineurs » étaient passés et qu'elle était débarrassée des cafards. Elle m'avait apporté un petit sac. J'ai hésité un peu avant de l'ouvrir... Elle a souri avec malice « Vous pouvez ouvrir, c'est des petits gâteaux que j'ai faits pour vous offrir. » En espérant de tout cœur qu'elle les ait confectionnés après la désinsectisation, j'ai fermé les yeux et mordu dedans. Ils étaient délicieux ! Mes remerciements n'étaient pas de pure forme, elle les a pris avec autant de plaisir que de fierté.

Des petits bonheurs partagés, même éphémères comme ceux-là, font aussi partie de la vie de notre métier. Il en va de même quand nos courriers parviennent à stabiliser ou, mieux, à résoudre des situations douloureuses, complexes ou anxiogènes que des gens viennent poser sur nos bureaux nous révélant ainsi leurs inquiétudes, leur fragilité, leurs peurs. En demandant l'aide d'un savoir qu'ils n'ont pas ou qu'ils ne peuvent utiliser parce qu'ils sont submergés par les angoisses ou les exaspérations, ils nous apportent aussi la certitude que nous sommes un peu utiles pour contrer l'adversité quand elle devient trop brutale.

Line Cognat-Bertrand
IDONEAM
Sucy-en-Brie (94)

IDONEAM

Émouvante

Martine [prénom modifié] a une cinquantaine d'années. L'histoire est courte, mais mérite d'être relatée.

 Martine vient me voir pour remplir un dossier afin d'être reconnue comme travailleur handicapé. Rien de bien compliqué, me direz-vous. Elle souffre de diabète, et sa maladie commence à atteindre son cerveau. Cela provoque des absences, des trous de mémoire ; elle perd des objets, les clés de son bureau par exemple.

Martine n'ose pas en parler à son mari ni à ses enfants. Elle pleure, pleure de honte.

Je pose ma main sur la sienne. Sans le bureau entre nous, je l'aurais probablement prise dans mes bras.

Une fois le dossier rempli, je me permets de lui demander si elle bénéficie d'un suivi psychologique. La réponse est non, toujours pour la même raison, la honte de cette maladie alors qu'elle n'y est pour rien… je le lui répète encore et encore.

Je ne l'ai pas revue.

J'espère sincèrement qu'elle s'est fait aider et a pu s'ouvrir à ses proches.

Sandra Bensaïd
LES MOTS DE MOUKO
Ermont (95)

Une jeune femme reconnaissante

J'ai rencontré madame A. dans le cadre d'une permanence d'écrivain public tenue dans une maison de quartier. Madame A. est une jeune femme dynamique d'une trentaine d'années. Sa volonté d'aller de l'avant est évidente, tout comme sa préoccupation de « bien faire ».

En six mois, j'ai vu quatre fois madame A. Lorsqu'elle poussait la porte de la petite salle de la permanence, son énergie positive emplissait l'espace.

La première fois, madame A. m'a demandé d'écrire des excuses pour un retard de restitution d'un accord relatif à l'aide aux temps libres pour son fils. Je saluai intérieurement cette démarche.

Les trois autres rendez-vous ont eu pour objet un projet mené par madame A. et son mari. Le couple débutait un commerce ambulant. Il avait toutes les autorisations sanitaires requises et frappait aux portes des mairies et des grands magasins de bricolage, afin d'obtenir une autorisation pour s'installer sur les marchés ou les parkings.

J'ai reçu deux fois madame A. pour formaliser ces demandes d'emplacement. Elle avait toujours réfléchi aux arguments à mettre en avant. Lorsque la troisième fois, elle entra dans le bureau de la permanence à 18 h 15 — j'avais du retard, ce qui m'arrive fréquemment pour le dernier rendez-vous de l'après-midi —, je remarquai immédiatement son sourire encore plus radieux qu'habituellement. Elle m'a tout de suite annoncé joyeusement que, pour une fois, elle ne venait pas pour demander, mais pour remercier.

- Des mercis grands comme le monde ! s'exclama son fils d'une huitaine d'années qui l'accompagnait.

- On va laisser maman m'expliquer, puis on fera des remerciements grands comme le monde, mais avec peut-être d'autres mots, répliquai-je en souriant.

Madame A. m'apprit qu'ils avaient obtenu de la mairie une autorisation pour mettre en place un commerce ambulant dans le quartier. « Cela fait très longtemps que nous attendions cela. C'est une autre dame qui nous avait aidés pour les lettres. J'ai déjà préparé un texte. Je vais vous le lire. Bien sûr, ce sont mes mots et c'est pas très bien dit. Il va falloir que vous changiez. »

Son enthousiasme faisait plaisir à voir. Au fur et à mesure de sa lecture, madame A. sortait un bout de papier, puis un autre, elle retournait une enveloppe pour retrouver un texte qui entourait la fenêtre en papier cristal. Cet apparent désordre cachait un texte très réfléchi où chacun était remercié à sa juste valeur. J'écrivis donc une lettre en gardant au maximum le ton et les mots de madame A.

Pour madame A., ce commerce représentait certes un gagne-pain, mais aussi un moyen de redynamiser le quartier et de créer du lien social. Elle s'enthousiasmait des échanges que son installation avait suscités. Le jour de l'ouverture, la plupart des habitants étaient venus voir ce qu'était ce chapiteau implanté en bord de route. « Même la police a pris le temps d'échanger un moment ! » me précisa madame A. Il faut le noter !

Je quittai la permanence avec plus d'une demi-heure de retard. Il n'y avait plus personne, alors je glissai les clés dans la boîte à lettres dédiée. Ce rendez-vous m'avait empli d'un sentiment de satisfaction qu'amplifièrent les paroles de madame A. : « C'est aussi grâce à vous et à ce que vous faites. C'est vraiment bien de pouvoir compter sur vous. » Dans cette affaire, je prenais la suite d'une consœur qui tenait l'année précédente la permanence, et j'avais eu la partie la plus agréable, les remerciements.

Murielle Naïtali
PLACE DES ÉCRITS
La Ville-du-Bois (91)

Le sésame de la nationalité

Huit ans que j'exerce un fabuleux métier et que j'ai ouvert le Cabinet Vox Scriba©, une échoppe au cœur de Tarascon-sur-Ariège. Huit ans que j'effectue pour l'association *La Voix du Scribe* des permanences d'écrivain public pour aider celles et ceux qui maîtrisent difficilement l'écrit et sont confrontés à la fracture numérique. Huit ans que je rédige des récits de vie pour permettre à des personnes de transmettre et laisser des traces de mémoire qui sont ensuite édités à titre privé ou public dans la petite maison d'édition indépendante que j'ai fondée il y sept ans. Celle-ci a vu naître en 2019 une collection qui donne la parole aux jeunes différents et aux jeunes autistes.

Les témoignages recueillis ou les soutiens apportés dans diverses situations se comptent par dizaines et pourraient faire l'objet d'un livre. J'aurais pu vous rapporter mes travaux avec la bergère face à l'ours, la femme adoptée, celle victime de violences, le combat d'une mère d'un enfant handicapé, le parcours d'une Sénégalaise, la vie d'une prof ou l'histoire de cet homme enlevé avec sa fratrie lorsqu'il était enfant…

 Le choix fut donc difficile quant à témoigner et s'est porté sur un long et laborieux travail pour deux sœurs natives du Maroc, mariées à des Français et désireuses d'obtenir leur nationalité française. Vivant à Tarascon et y travaillant, elles ont frappé à ma porte en ayant pour bagage des vies construites en France depuis plus de quinze années avec, de plus, pour l'une d'entre elles, une petite fille à l'école de la ville. Elles avaient effectué dix ans auparavant des démarches qui s'étaient soldées par des échecs, conséquences de papiers manquants, de formalités mal comprises… J'acceptai alors de prendre en main leurs dossiers, sachant qu'une difficulté supplémentaire allait se greffer : celle de réussir le test de français qui évalue le niveau de connaissance de la langue pour obtenir la nationalité française par mariage ou par décret, test instauré en 2012. J'avais déjà été confrontée à cette problématique en 2015 et avais réussi à obtenir que la femme du harki pour lequel

je rédigeais régulièrement des courriers obtienne une dispense du fait de son statut de travailleuse handicapée. Mais les cas n'étaient pas similaires. L'une des sœurs réussit l'examen et l'autre échoua au point près. Les premières démarches furent de demander à la préfecture une dérogation, prévue par les textes, qui ne vint jamais. Après une mise à niveau, cette dernière recommença et obtint le « diplôme » convoité.

Commença alors un véritable parcours du combattant pour réunir tous les documents nécessaires avec la rédaction de nombreux courriers pour franchir des barrières administratives de toute sorte. Puis, vint le moment de la prise de rendez-vous obligatoire sur Internet avec des plages horaires restreintes. Ce furent des matins à se ruer dès 7 heures sur l'ordinateur pour être les premières à tenter d'obtenir les fameux sésames. Après plusieurs courriers à l'attention des préfectures du département et de la région pour dénoncer l'impossibilité des prises de rendez-vous[4], des dates furent enfin retenues. Hélas, le jour J, les dates de validité des actes de naissance étaient dépassées de quelques jours. Nous dûmes tout recommencer et repartir pour une année de galère. Deux ans après le démarrage de l'affaire, les sœurs obtinrent enfin leur naturalisation ! Une nouvelle naissance, une nouvelle orientation à leur vie…

Ma plus belle récompense, outre leurs larmes le jour de la cérémonie officielle où elles m'ont invitée, fut sans doute la phrase de l'une d'entre elles dans un reportage sur notre métier pour une télévision locale : « Sans Florence qui sait écrire et se servir de l'ordinateur, nous n'y serions jamais arrivées… Merci. Ne quitte pas Tarascon, on a besoin de toi ! ». Ce sont ces moments-là qui font la beauté de notre profession et lui donnent toute sa dimension sociale, culturelle et humaine.

Florence Cortès
VOX SCRIBA©
Tarascon-sur-Ariège (09)

Vox Scriba

---

[4] À tel point que des personnes se sont spécialisées dans la prise de rendez-vous sur Internet et monnayent leurs services. (Note des coordonnateurs)

Un usager récalcitrant

Quand nous travaillons dans des permanences d'écrivains publics, les rendez-vous avec les usagers se succèdent en règle générale toutes les demi-heures. Trente minutes, c'est peu pour faire le point sur le dossier qui nécessite l'écriture d'un recours, d'une explication, d'une revendication, etc. Une fois la lettre rédigée, nous en donnons lecture à haute voix à la personne devant nous afin de nous assurer que les éléments y figurant sont le reflet de la demande d'assistance.

 Régis W. avait besoin que je formule en son nom une requête en vue d'une demande d'effacement du fichier du traitement des antécédents judiciaires pour des faits s'étant déroulés quelques années auparavant. Ce fichier, plus connu sous son petit nom acronymique de TAJ, recense les personnes mises en cause dans les affaires pénales ainsi que les victimes. Il est possible d'y figurer, même en l'absence de condamnation pénale. Ce fichier est systématiquement consulté lorsqu'une enquête administrative a lieu, notamment lors de l'embauche pour un poste sensible ou un emploi public. Regis W. souhaitait devenir agent communal dans sa ville, mais le fichage du TAJ l'empêchait de postuler.

Ce type de demandes s'accompagnant d'une argumentation solide, il me fallait d'abord l'interroger sur les conditions de l'infraction commise. Régis W. était un immense gaillard d'une trentaine d'années, dont les biceps rebondis s'ornaient de multiples tatouages reflétant son admiration sans limites pour Johnny Hallyday. Il m'expliqua avec force détails « qu'il fallait pas le chercher, et que quand on le cherchait, on le trouvait ». Ces déclarations ne me permettant pas un exposé clair des circonstances du délit, j'ai dû couper à plusieurs reprises un discours d'où il ressortait une volonté farouche de ne pas se faire marcher sur les pieds avant de finir par comprendre que, cinq ans auparavant, son père avait prêté de l'argent à un ami, lequel avait imprudemment estimé qu'il n'était pas nécessaire de le rendre... Cette indélicatesse révélée par le père à son fils avait justifié, selon ce dernier, une correction sévère dudit ami qui avait conduit celui-ci dans le plus proche service des urgences hospitalières.

Forte de ces explications noyées dans un flot de paroles tendant à me démontrer que « trop, c'est trop », il me restait peu de temps pour rédiger, aussi je laissais Régis W. disserter sur la surabondance des motifs de discorde avec les « gougnafiers » d'où qu'ils viennent et je me lançais dans l'écriture d'une lettre dans laquelle j'exprimais à la fin les regrets du signataire.

Lors de la lecture que j'en fis à voix haute, je vis soudain s'abattre, de part et d'autre de mon clavier, deux mains énormes et se dresser devant moi un Régis W. furieux s'exclamant : « Ah non ! madame, vous pouvez pas dire ça ! La lettre elle est bien, mais faut pas dire que je regrette, tonnait-il. Parce je regrette pas. Je regrette rien ! Et s'il fallait, je recommencerais ! »

Je suis restée assise, persuadée qu'il ne servirait à rien que je me lève à mon tour, mon mètre soixante-trois ayant peu de chances d'impressionner le colosse éructant dans mon bureau. Par prudence, j'ai reculé un peu ma chaise pour me mettre surtout hors de portée des postillons que sa colère déversait sur mon bureau et le plus froidement possible, j'ai expliqué que moi non plus il ne fallait pas me chercher. « Quand on me demande d'écrire une lettre pour satisfaire le besoin d'un usager, je le fais avec ma connaissance de ce qui doit composer une lettre efficace. En l'occurrence, demander l'effacement d'un fichier d'antécédents judiciaires en expliquant qu'on est prêt à commettre à nouveau le même type de délit est assez contre-productif. De ce fait, c'est me faire perdre mon temps et celui des autres. Si cela ne vous convient pas, la porte est ouverte ! »

À ma grande surprise, l'homme se rassit d'un coup. D'une petite voix qui paraissait incongrue dans ce corps de géant, il me présenta ses excuses : « Désolé, madame, des fois je m'emporte… Bon, ajouta-t-il, s'il faut, il faut alors, mais je vais vous dire… » La touche « impression » et l'apparition de la lettre à signer me délivrèrent des suites.

Quelques mois plus tard, une boîte de chocolats m'attendait à l'accueil du point d'accès au droit où j'avais officié pour Régis W. avec ce petit mot touchant : « Pour que vous m'en voulié plus. J'ai été emboché. Merci la dame qui écri. »

Line Cognat-Bertrand
IDONÉAM
Sucy-en-Brie (94)

Histoires de vie

Toute écriture de vie est un retour sur le passé, destiné à éclairer le présent pour mieux se projeter dans l'avenir. En permettant l'expression, elle peut soulager, servir pour celui qui se livre de révélateur à lui-même et aux autres, ou se vivre comme la transmission d'un patrimoine immatériel. Rompant l'isolement et les distances, le récit de vie tisse alors un lien intergénérationnel.

Lorsque nous exerçons une spécialité d'écrivain biographe, nous aidons les particuliers ou usagers d'institutions à verbaliser leur histoire et nous la restituons par une écriture qui devient leur, sans qu'ils aient été confrontés aux difficultés motrices ou cognitives liées à l'acte d'écrire.

Écoute, disponibilité, bienveillance, oubli de soi — tout jugement est interdit — sont, comme dans chacune de nos activités d'Écrivain-Conseil®, des compétences indispensables pour ressentir le vécu des personnes accompagnées. Peut s'y adjoindre une juste dose de belle écriture pour le retranscrire.

En lisant les témoignages qui suivent, vous découvrirez le rôle social et d'utilité publique que sous-tend le métier de biographe, en complément de celui de passeur de mémoire.

Un dernier projet

 Il est infirme moteur cérébral de naissance, tétraplégique depuis quatre interminables années, lorsque je le rencontre. À peine plus âgé que moi, il passe ses journées à regarder le plafond entre deux manipulations subies, entre deux soins, entre deux douleurs. D'une immense vivacité d'esprit et doté d'un humour hors norme, sur les autres comme sur lui-même, il jette un regard très affûté sur sa vie, qu'il tient à relater pour garder un témoignage de sa réussite professionnelle, hors norme pour un handicapé. Il a désormais besoin de donner un sens à cette trajectoire ascendante, qui se termine platement entre deux draps. « Et je veux que ce soit drôle ! » Sacré challenge, parce que sa situation est très difficile, qu'il souffre énormément, parce qu'il m'apparaît impossible de faire de l'humour sur son histoire sans être grossière. Mais parce que l'exercice consiste à écrire « je » et que c'est lui qui signe le récit, je m'approprie son humour, comme on s'habille d'un costume, et j'apprends tout de lui, tout sur le vécu du handicap, sur les problèmes d'insertion dans la société, le regard de l'autre, le vécu quotidien. Tout ! Et l'humour caustique qui peut aller avec.

À un moment où il lui est impossible de prendre lui-même un crayon, et où il espère que la mort mettra fin à son état sans trop attendre, il a besoin d'un tiers pour fixer les pensées auxquelles sa paralysie donne libre cours, en même temps qu'elle lui ôte les moyens d'y mettre un ordre.

Ce dont il tient à témoigner, c'est que l'on peut être gravement handicapé et avoir une tête bien faite — la sienne l'est particulièrement —, et une rage de vaincre, qui rendent possible le dépassement de soi. Le récit de sa vie jusqu'à la tétraplégie en est, pour lui, une preuve.

Écrire, pour lui, c'est donner un ultime sens à sa vie devenue, depuis lors, une charge. C'est partager aussi un vivant plaidoyer pour l'euthanasie et le droit de mourir, tout en reconnaissant, pour l'avoir frôlée à plusieurs reprises, que l'envie en devient étonnamment moins forte, dès que la mort que l'on appelle de ses vœux s'approche.

Écrire, pour lui, c'est témoigner de ce qui fut son combat : ouvrir les yeux aux personnes valides, comme moi, qui n'ont aucune idée de ce que peut être une vie continuellement empêchée. C'est aussi permettre à ceux qui sont, comme lui, handicapés, de regarder devant en se disant que le handicap n'empêche pas la réussite.

Il voulait faire de son livre une force pour les autres, il a été tout au long de sa rédaction une force pour lui-même. Un projet, encore un. Le dernier, qui dura presque deux ans.

Sa trajectoire redessinée, mise en ordre, avec l'assurance que tout était accompli, il se sentit capable de regarder devant.

Le jour ne tarda pas, ou plutôt la nuit, pendant laquelle, avec la propagation de l'infection qui semblait devenir inéluctable, il accepta la mort qui arrivait, sans plus la redouter et s'y abandonna.

Marie Bernard
POKOAPOKO
Fronton (31)

Tout simplement

Aujourd'hui, c'est notre dernière séance d'écoute. Comme d'habitude, nous nous serrons la main pour nous dire au revoir, mais cette fois, monsieur K. me raccompagne à la porte de sa maison, puis jusque dans la cour. C'est une douce après-midi d'avril, il  fait beau et nous prenons le temps de profiter des premiers rayons du soleil et de la douceur printanière. Il me montre ses parterres de fleurs, le muguet qui sort de terre avec déjà les premières grappes qui apparaissent. Bizarre, il m'avait dit ne pas aimer le jardinage…

En réalité, ni lui ni moi n'avons envie de nous quitter ; nous avons passé de si jolis moments ensemble. En toute simplicité, il m'a raconté sa vie : sa maman décédée alors qu'il n'avait que trois ans, son père parti à la guerre, son village détruit par les bombardements, son apprentissage en boulangerie, la guerre d'Algérie où le général de Gaulle, les bras levés, a déclaré : « Je vous ai compris ! »

« J'y étais ! » m'a dit fièrement monsieur K.

Puis ce furent des fiançailles un jour de Noël — allez savoir pourquoi ! — puis un beau mariage suivi par la naissance de cinq beaux enfants, puis de dix beaux petits-enfants.

« C'est normal, quand les parents sont beaux, les enfants sont beaux aussi ! » me dit-il malicieusement, mais non sans une certaine fierté.

Monsieur K. a enchaîné différents métiers, il a déménagé plusieurs fois, mais toujours dans notre belle région d'Alsace, si chère à son cœur. Il a travaillé dur, parfois en cumulant plusieurs emplois, semaines et week-ends. Il fallait bien payer la maison, et élever les cinq enfants qu'il regrette seulement de ne pas avoir vus grandir.

« Aujourd'hui, ils ont tous les cinq une belle situation ; c'est ce qui est important. »

Pendant que nous étions installés dans la salle à manger et que monsieur K. partageait ses souvenirs, son épouse, atteinte depuis un an d'une grave maladie neurologique, se trouvait physiquement dans une pièce attenante, mais mentalement coupée de notre monde. Parfois, monsieur K. aurait aimé lui demander son aide au sujet de tel ou tel évènement, car « c'est sûr elle, elle se souviendrait ». Mais c'est trop tard ; ses souvenirs sont déjà enfouis à jamais ou, du moins, il est impossible pour elle de les partager. Elle les a déjà emportés là où pour nous, ils sont définitivement perdus.

C'est pour cela que monsieur K., à la demande de sa fille, a accepté de raconter sa vie. Il a compris que transmettre la mémoire de son vécu à ses enfants et à ses petits-enfants était très important. Non pas qu'il ait la prétention d'avoir eu une vie extraordinaire, bien au contraire : « Tout était simple. Nous ne nous sommes pas demandé si nous étions heureux ou pas, si nous avons bien fait ou pas. C'était comme ça, nous faisions avec ce que nous avions. De toute façon, nous ne connaissions pas autre chose alors comment pouvions-nous nous poser ce genre de questions ? Aujourd'hui, tout est beaucoup plus compliqué. Je ne voudrais pas être jeune aujourd'hui. »

C'est le récit d'une vie simple et modeste que nous avons fait ensemble. Pas de grande destinée, pas de saga familiale, pas de lourds secrets longtemps cachés et dévoilés en fin de vie, mais simplement le témoignage d'une génération qui a traversé comme elle a pu un siècle où tous nos repères ont été chamboulés. À quatre-vingts ans, monsieur K. s'occupe de sa femme au quotidien. Lorsqu'il me raconte qu'elle l'implore « Ne me laisse pas toute seule… », il a des larmes dans les yeux. Ce dont il rêve aujourd'hui, c'est un chien dressé pour partager sa vie et l'aider à s'occuper de son épouse malade.

Je termine l'écriture du récit cette semaine et je crois que je vais l'intituler *Tout simplement*, pour que mon écrit soit à son image : le reflet d'une vie.

Laurence Macquart
CALISTA OFFICE
Thanvillé (67)

Écrire pour mieux vivre

Madame B., 54 ans, est atteinte de sclérose en plaques depuis de nombreuses années. Quatre ans après le début de sa maladie, elle a commencé à tenir un journal manuscrit, non seulement parce qu'elle aime écrire, mais surtout parce qu'elle ressent l'écriture comme une thérapie.

Peu à peu, elle a constaté que la sclérose en plaques, maladie pourtant fréquente, était très méconnue y compris du corps médical, et que le handicap qui en découle contribuait à isoler socialement les personnes qui en sont atteintes.

Elle a donc décidé de recopier son journal à la main pour rédiger un témoignage à destination du grand public, en l'insérant dans une description de la maladie, des problèmes qui y sont liés et du combat qu'elle mène au quotidien. Les douleurs qu'elle ressent au niveau des mains lui ont rendu la tâche très difficile, mais ont décuplé sa détermination : chaque ligne écrite est une victoire contre cette maladie.

Quand elle m'a contactée, elle m'a expliqué qu'elle voulait publier un livre et elle m'a donné son journal à lire. En le recopiant, elle a mélangé des évènements plus récents avec ceux relatés dans le journal, elle en a répété d'autres plusieurs fois, si bien que la chronologie s'est perdue entre les lignes… et le travail d'organisation est énorme. Madame B. le sait et doute autant de la qualité de son texte que de la possibilité de mener son projet à terme.

Au fur et à mesure que mon travail avance, je découvre une belle écriture, très personnelle, intimement liée à la force et au courage de ma cliente ; je suis souvent surprise par la sensibilité et l'émotion qui s'en dégagent. Si elle a consigné dans ce journal ses difficultés, ses colères et l'isolement de plus en plus important dont elle souffre, madame B. y exprime surtout une volonté de combattre et de résister qui passe pour beaucoup par l'acte d'écrire.

Chaque fois que je lui livre un texte, elle me dit à quel point ce travail qu'elle m'a confié est important dans sa lutte.

De cette expérience humainement très forte, j'ai appris que j'ai entre les mains un moyen exceptionnel pour accompagner et soutenir une personne malade, l'aider à dépasser les moments de crise et à mieux vivre.

Pascale Malevergne
L'ESPERLUETTE
Auradé (32)

Donner des racines

Madame H., 89 ans.

Au hasard d'une rencontre chez une amie commune, madame H. évoque pour moi, à mots prudents, l'exode qu'elle a connu en 1962. Et dont elle n'a jamais parlé depuis, pas même à ses trois enfants.

Notre premier entretien se déroule dans une ambiance conviviale, la confiance s'installe. Peu à peu, la prudence cède le pas à cette sensation nouvelle que lui procure son récit. Elle n'en prend pas encore conscience : ses mots la délivrent d'un fardeau qu'elle porte seule depuis plus de cinquante ans. Depuis la mort de son mari.

 Il me faudra quelques semaines pour la convaincre de coucher par écrit cette histoire qu'elle n'a pas encore livrée à sa fille et à ses fils. Le premier entretien est tendu, Madame H. est sur la défensive.

La première transcription lui permet d'appréhender ce que sera vraisemblablement le résultat de notre travail. La voici maintenant intéressée, plus qu'elle n'aurait pu l'imaginer. Elle se prête au jeu, ouvre ses tiroirs, feuillette ses albums photo. Surgissent alors maints souvenirs, qui la surprennent elle-même. Elle l'avoue, elle les avait enfouis profondément, depuis longtemps. Depuis son arrivée en France.

Du passé, nous tirons les portraits de ses grands-parents, surtout celui de sa grand-mère maternelle, qu'elle a bien connue. Ceux de ses parents, de ses beaux-parents. La foule des rues d'Alger, la douceur de vivre du bord de mer et des jardins luxuriants, les études et les amies, jusqu'aux parfums de Haute Kabylie, où elle fera ses premières armes professionnelles, aux côtés de son mari.

Viendront alors les premiers soubresauts de la guerre d'Algérie, dès novembre 1954, la naissance de ses enfants, la montée de l'insécurité. Et l'inéluctable départ vers la France.

Cet épisode lui révélera des capacités dont elle ne se serait jamais crue dotée. Elle fera front et guidera sa famille en sûreté, par-delà la Méditerranée, en attendant l'arrivée de son mari, resté à Alger pour boucler la caisse maritime[5] où il aura placé si peu de ce qu'ils auraient souhaité conserver auprès d'eux.

L'installation dans le sud de son nouveau pays constituera une autre épreuve, qui mobilisera toutes ses forces, et la conduira à obscurcir sa mémoire pour mieux se consacrer à son quotidien.

Jusqu'à notre rencontre.

D'un entretien à l'autre, Madame H. a pris conscience de l'importance de porter ce témoignage à ceux qu'elle aime. Et qui ont partagé cette époque qu'elle relate. À un âge cependant qui ne leur a jamais permis de cristalliser, d'entretenir et de développer ces souvenirs d'enfance.

Longtemps, je conserverai l'image de cette dame presque nonagénaire lorsque je lui ai apporté les premiers exemplaires de son livre. Ses yeux pétillaient plus encore qu'à l'accoutumée : l'émotion s'était emparée d'elle. Aux côtés des visages déjà évoqués, celui de son défunt mari l'accompagnait. Elle m'a confié qu'il aurait été heureux de l'accomplissement de cette démarche, et qu'elle a toujours senti sa présence à ses côtés tout au long de l'épreuve qu'a constituée la narration.

Son récit est aujourd'hui un beau livre de près de deux cents pages. Elle l'a destiné à ses enfants. Déjà ses petits-enfants le lui réclament, il faudra en faire une nouvelle impression.

Dans l'ouvrage, ses remerciements ne s'adressent qu'à moi. Et, qu'on veuille bien me le pardonner, j'en suis particulièrement fier.

Pascal Delugeau
VOTRE PLUME 83
Draguignan (83)

Votre Plume 83
Écrivain-Conseil®

---

[5] Il s'agit de la caisse, transportée par voie maritime, dans laquelle la famille a placé les affaires personnelles qu'elle souhaitait emporter en France.

Faire dire l'indicible sans s'y enfermer

Quand Ana G. m'a demandé d'écrire le récit de sa déportation, je ne me doutais pas que l'écriture de ces années terrifiantes aurait un retentissement aussi fort sur ma propre vie. À l'époque de ma lointaine scolarité, les cours d'histoire recouvraient d'un voile pudique les horreurs commises sur le peuple juif. Je connaissais bien sûr le génocide de masse dont les Juifs furent les victimes, mais le détail des abominations subies n'avait pas encore forcé la porte de notre incrédulité face à la barbarie nazie.

Ana G. avait 90 ans quand elle m'a demandé de lui servir de plume. Depuis son retour du camp d'Auschwitz II (Birkenau), elle n'avait jamais pu raconter le détail de ce qu'elle avait vécu. Au début, parce que, disait-elle, personne ne voulait croire l'énormité des atrocités commises. Ensuite, parce que sa vie reconstruite ne supportait pas de ranimer le souvenir de son martyre. Pour elle, les nuits se peuplaient des fantômes de ses chers disparus dans les  chambres à gaz, et ses journées se passaient à essayer d'être « normale » selon son expression. « Mais on ne peut plus être normale, m'assurait-elle, quand on revient d'où je suis revenue. »

La mort de son époux adoré, l'éloignement géographique de ses fils et de leur famille l'ont laissée un peu désemparée. Cette solitude et ce chagrin l'ont projetée dans le tourbillon de ses démons. Son médecin lui a alors conseillé de délivrer sa parole et c'est ainsi que nous nous sommes retrouvées l'une en face de l'autre pour raconter ce que furent ces années terribles.

Les séances se déroulaient de façon régulière chaque mercredi matin. Je me rendais chez elle et nous nous installions de chaque côté de la table de la salle à manger selon un rituel qui demeura le même durant presque huit mois. Ana G. racontait, mais souvent elle devait s'interrompre, car les images, les souvenirs, les souffrances endurées lui nouaient la gorge et lui coupaient la parole. Cependant, cette femme avait une volonté de fer. Décidée à témoigner jusqu'au bout, elle reprenait à chaque fois son récit en se mordant farouchement les lèvres.

Elle répondait autant qu'elle pouvait aux questions qui me brûlaient les lèvres et me tordaient le cœur avec le récit des agissements de ses tortionnaires. J'ai alors eu besoin de m'immerger dans des investigations historiques déjà éditées pour comprendre mieux les conditions de vie dans les ghettos. Ce que j'ai découvert, notamment sur la déportation des enfants, m'a empêchée de dormir durant des mois. À cette époque, je ne savais pas me protéger des flux émotionnels dont l'empathie nécessaire à notre métier nous inonde. Les exactions commises, l'immonde cruauté, les atrocités nauséabondes, toute cette inventivité démoniaque destinée à avilir et à briser des êtres humains m'ont sauté à la tête, défigurant complètement ma foi dans l'humanité. Il m'a fallu tant de temps par la suite pour reconquérir ma sérénité que j'ai même pensé arrêter mon activité.

C'est sans doute l'immense respect que j'éprouvais pour ma cliente, mon admiration profonde pour son courage, pour sa ténacité qui m'ont permis de tenir jusqu'au bout. Et c'est le soulagement qu'elle a ressenti d'avoir enfin pu témoigner qui m'a donné quand même la certitude d'avoir fait œuvre utile.

« Line, j'ai l'impression d'être enfin délivrée ! Plus de soixante-dix ans après que les Américains m'ont sortie de là-bas ! Il était temps ! »

Son livre, Ana G. en a fait imprimer un très grand nombre. Son médecin fut son premier lecteur. Il l'a convaincue d'en apporter des exemplaires à ses enfants et petits-enfants. Les premiers, qui redoutaient de plonger dans un passé dont il savait qu'il avait le goût du soufre pour leur mère, ont reçu son témoignage avec réticence. Ce n'est que l'émotion de leurs propres enfants qui les ont incités à lire le livre du début à la fin. L'un d'eux m'a appelée pour me remercier de leur avoir enfin donné les clés pour comprendre la distance que leur mère mettait avec la notion de bonheur. « Dès qu'on se réjouissait de quelque chose, elle nous cassait le moral en nous disant *: "*Profitez, ça ne dure pas !" On savait qu'elle avait été en camp de concentration, mais comme elle en était sortie, on n'avait pas envie d'en savoir plus que ce qu'elle disait, et elle ne disait pas grand-chose. Là, ça a été un choc ! On n'imaginait pas qu'elle ait pu endurer tout ça ! Maintenant, je comprends qu'après avoir vécu ça, la vie, on peut plus la voir en rose… »

Ana G. est décédée en 2019, presque centenaire. Elle restera pour moi une femme extraordinaire pour sa force et son courage, mais surtout pour les mots qu'elle a prononcés à la fin de nos entretiens : « Vous savez, Line, j'ai du mal à pardonner, je ne pardonne pas de toute manière. Jamais. Mais ces hommes et ces femmes, ils ne se rendaient même plus compte qu'on était des êtres humains, comme eux ! Et c'est eux qui sont à plaindre finalement ! »

Line Cognat-Bertrand
IDONÉAM
Sucy-en-Brie (94)

La fierté de bien faire

Le téléphone sonne. « Bonjour monsieur, l'office de tourisme m'a dit que vous étiez écrivain public, c'est bien ça ? J'ai un rapport à fournir dans quelques jours, je voudrais rendre un document propre, bien présenté, ordonné et sans faute. »

Rendez-vous est pris à la médiathèque, lieu neutre et propice aux entretiens de ce genre. Connexion Internet, scanner et imprimante, tous les outils nécessaires sont là. L'ambiance est l'élément déterminant : tout en étant studieuse, presque recueillie, ses murmures ponctués de quelques éclats de voix tout juste contenus lui confèrent ce petit plus qui met en confiance les personnes qui me consultent.

 Francine, 83 ans, expose ses attentes : dans le cadre d'un atelier destiné à faire travailler la mémoire des participants, elle s'est engagée à rendre un exposé dont le sujet est le sport sénior.

Elle-même, sportive de toujours, porte cette activité avec un enthousiasme communicatif. Aucun doute, elle a dû savoir convaincre bien des personnes de s'adonner à cette pratique salutaire.

La présentation de ma prestation a convaincu ma cliente. Avec entrain, Francine me tend quelques feuilles de papier réutilisées, sur lesquelles elle a rédigé son propos.

Il s'agit dans un premier temps de dactylographier le texte, avant de le mettre en page et de le corriger.

Pendant que je m'assure de pouvoir tout lire de sa prose, ma cliente évoque sa passion, avec tant de conviction que j'en serais presque à souhaiter adhérer à l'un de ses clubs !

Après avoir sollicité et obtenu les éclaircissements nécessaires à la bonne compréhension de sa rédaction, je suggère à Francine d'aller plus loin dans mon travail. Il me semble en effet essentiel d'apporter des précisions à ses propos. D'évidence, tout est clair dans son esprit, mais beaucoup moins sur le papier. Par exemple, quelques personnalités sont citées, mais pas à la bonne époque et dans un contexte un peu nébuleux.

Ma cliente se montre ravie du résultat. Ses yeux pétillent de joie devant les feuilles de papier que je lui tends.

Elle me rappellera quelques jours plus tard pour me dire combien elle fut fière de présenter son texte à ses camarades et à l'animatrice du groupe de travail.

Pascal Delugeau
VOTRE PLUME 83
Draguignan (83)

Avant que la mémoire disparaisse

Au téléphone, une voix jeune, un peu sur la réserve, hésitante, me demande si j'écris bien des récits de vie et comment cela se passe. Je saurai dans quelques minutes que la dame à qui je parle s'appelle Nathalie. Je réponds à sa question… Oui, je suis biographe, les récits de vie sont l'essentiel de mon activité. Avant de rentrer dans les explications sur la méthode de travail, je lui demande si elle veut écrire elle-même ou raconter. Non, elle ne se sent pas capable d'écrire. Alors, j'explique… les entretiens, la rédaction, les modifications qui peuvent être apportées au texte tant que la maquette n'est pas terminée, les photos qui seront insérées si elle le souhaite, la mise en page et l'impression au format de son choix. Et le résultat, son histoire dans un livre qui lui ressemble, son livre. Je parle aussi tarif et étalement des règlements au rythme des séances de travail.

 Quelque chose m'alerte, un soupir, je crois, dans le silence qui me répond. Je sais bien, depuis le temps que j'exerce, que la méthodologie que je viens de présenter ne convient pas à tous les cas. Elle n'est pas figée et je l'adapte en fonction des envies de mes clients, de leur disponibilité, de leur âge, de leur état de santé, de l'urgence, ou de demandes particulières. Mais je pressens qu'il s'agit d'autre chose que Nathalie ne m'a pas dit, qu'elle hésite peut-être à me dire. Je l'invite à me donner plus d'informations sur son projet.

Maintenant, c'est elle qui parle. Lentement, en cherchant ses mots pour s'exprimer avec justesse. J'apprends qu'elle va avoir 45 ans, qu'après une vie difficile, tout allait enfin bien, très bien, et que, quelques mois plus tôt, on lui a diagnostiqué une tumeur cérébrale. Alors voilà, elle a besoin de quelqu'un pour l'aider à mettre sa parole par écrit, mais elle n'a pas beaucoup de temps devant elle, parce qu'elle va bientôt commencer une radiothérapie et elle ne sait pas, après, si elle sera encore capable de raconter.

Dans sa voix, j'entends l'urgence et la nécessité, un besoin impérieux — vital — que sa parole sur cette histoire ne se perde pas. Pour elle, pour ses enfants. Elle est la seule à pouvoir raconter son parcours et celui de son frère, et le mal qui leur a été fait. J'entends aussi sa peur que je refuse de l'accompagner, parce qu'elle ne travaille plus et n'a pas beaucoup de moyens. Il y a toujours une solution, nous avons trouvé un compromis pour que je ne travaille pas bénévolement et que cela ne soit pas trop lourd pour elle. Nous fixons un premier rendez-vous, dans les deux jours, parce qu'il faut faire vite.

Je rencontrerai Nathalie à trois reprises, chez elle. De son enfance, remonteront la douleur et la colère, la douceur de quelques années heureuses, des grands-parents aimants ; de l'adolescence, elle se souviendra de la peur et de l'incompréhension, des mains tendues, de la fierté de s'en être sortie ; de l'âge adulte, elle dira le chemin tracé à force de volonté, les réussites, l'amour pour ses enfants. La maladie apparaîtra dans le récit, mais à peine, ce ne sera pas le sujet.

Nous n'avons pas fixé de durée pour les entretiens, c'est elle qui décidera. Quand les mots lui échapperont et que sa pensée s'enfuira, il sera temps d'arrêter. Nous fixerons un nouveau rendez-vous et je la laisserai se reposer. Au deuxième entretien, je lui apporterai les pages que j'aurai rédigées, j'aurai ébauché une mise en page, pour qu'elle puisse se faire une idée du résultat final. « C'est beau », dira-t-elle. Elle prendra le temps de lire, elle sera contente, « C'est exactement ça que je voulais dire », le ton est juste. Puis elle reprendra son récit.

Et tout le temps qu'elle parlera, ses mains caresseront le papier sur lequel les mots de son histoire sont inscrits. Dans un geste d'une immense douceur.

Marie-Odile Flambard
JETEPRÊTEMAPLUME
Pechabou (31)

Un écrit inachevé

Il y a de cela quelques années, une personne, — appelons-la mademoiselle Petit Moineau, parce que la première fois que je la vis, j'ai tout de suite pensé à ce fragile petit oiseau — prit rendez-vous afin que je rédige un témoignage de sa vie. « Pour que tout ça laisse une trace », me dit-elle.

L'échange téléphonique fut très bref. Les conditions de nos futures rencontres furent traitées en un temps record. La nervosité de la voix laissait imaginer que la décision de me confier ce travail n'avait pas été facile à prendre. Mademoiselle Petit Moineau ne voulait surtout pas que les entretiens se passent chez elle.

 Quand elle arriva à mon cabinet le jour de notre premier rendez-vous, à l'heure exacte, à la minute près, que nous nous étions fixée, j'ai aperçu à l'entrée de mon bureau une personne vêtue de gris et de noir, la tête rentrée dans les épaules, les yeux aux aguets. Une femme entre deux âges, aurait dit ma grand-mère qui disposait d'un éventail d'appréciations réparties en tranches allant de *jeunettes* à *dames d'un âge respectable* — la respectabilité commençant par faire passer la femme au statut de « dame », gratification sans doute compensatoire du poids des ans…

L'histoire de mademoiselle Petit Moineau était celle d'une enfant puis d'une adulte martyrisée par une mère humiliante, castratrice, despote, adepte des violences physiques, accessoires indispensables du *dressage* selon elle, auxquelles se sont ajoutées dès le plus jeune âge les insultes, les moqueries, mesquineries et autres perversités destinées à écraser toute envie de rébellion chez sa fille, pour autant que cette malheureuse en eût été capable.

Le récit était débité à une vitesse folle, sur un ton monocorde, entrecoupé de sanglots secs. Les phrases dites de façon mécanique semblaient avoir été répétées maintes fois. J'essayais de ne pas l'interrompre pour ne pas lui faire perdre le fil de ce qu'elle voulait me dire. Je prenais en note tout ce qu'elle décrivait en adoptant l'attitude la plus neutre possible, mais sa souffrance me faisait mal. À la fin de cette première séance, j'avais matière à décrire de façon très précise les sévices subis par ma cliente, mais sans pouvoir nourrir le texte de ses ressentis d'alors ni même de maintenant, et sans vraiment savoir quelle femme était cette mère.

Lors de notre deuxième entretien, à peine assise, mademoiselle Petit Moineau entreprit de reprendre l'énumération des « elle m'a dit, elle m'a fait, elle m'a obligé… » Je profitai d'une reprise de sa respiration pour lancer des questions. Quel était le but de cette écriture ? À qui destinait-elle cet écrit ? Ses tremblements m'inquiétèrent. Je lui affirmai que je comprenais sa souffrance. Je l'assurai concevoir son besoin de se libérer du poids de ce qu'elle avait vécu au travers de ce témoignage. J'essayais de la calmer, mais seul le silence recueillait mes paroles ; mademoiselle Petit Moineau ne respirait plus que par saccades, le mouchoir pulvérisé entre ses mains éparpillant sur ses genoux un tas de petits morceaux de papier. Elle balança la tête de droite à gauche en guise de réponse quand je voulus savoir si elle avait parlé à un médecin de son vécu, et ce n'est que lorsque je lui demandai si sa maman était vivante qu'elle reprit enfin la parole.

Sa mère avait été admise dans un institut spécialisé après qu'elle-même avait dû être hospitalisée puis envoyée dans un centre de rééducation. Jusqu'alors c'était elle qui s'occupait à plein temps de cette femme atteinte depuis quatre ans de la maladie d'Alzheimer. Elle allait la voir tous les jours, mais depuis que sa mère était entrée dans un EHPAD (Établissement d'hébergement pour personnes âgées dépendantes), celle-ci ne la reconnaissait plus, ne lui parlait plus, ne la regardait plus. En me révélant cela, mademoiselle Petit Moineau se mit à fondre en larmes. J'étais bouleversée devant sa détresse. Entre deux sanglots, elle entreprit de me parler de sa mère. Elle la décrivit forte, courageuse, restée seule après son veuvage à la tête du café-restaurant dont son mari et elle étaient propriétaires, travaillant de façon acharnée jusqu'à ce que la maladie l'en empêche. « Elle n'avait pas le temps de s'occuper de moi et, moi, j'étais là plus pour l'embêter que pour aider… »

La justification de la violence de sa mère à son égard, le déni d'elle-même, son chagrin fou rendaient urgent à mes yeux, par honnêteté envers elle et envers mon métier, de lui suggérer de consulter un thérapeute. Elle m'opposa un refus qu'elle m'exprima de façon brutale en me déclarant que, si elle venait me voir, ce n'était pas pour recevoir des conseils. Elle se mura ensuite dans un silence lourd de reproches que ses regards sur moi traduisaient mieux que ne l'aurait fait sa parole. Je hasardai : « Avez-vous déjà essayé de parler à votre maman de ce que vous aviez vécu, du mal que vous ressentiez ? » Les yeux qui se posèrent sur moi avaient l'air d'entrevoir le Diable en personne ! Un marmonnement me parvint au bout d'un long silence. « Elle ne m'aurait pas écoutée et puis, là, de toute manière, elle ne me reconnaît même plus. Je ne sais même pas si elle m'entend… »

Décidée à entrouvrir davantage cette brèche dans ses défenses, je poursuivis : « Pourquoi tout de même ne pas essayer maintenant ? Pour vous… mais peut-être aussi pour elle. » Mademoiselle Petit Moineau se leva d'un bond. Sur un « ça suffit ! », elle rassembla ses affaires, abandonnant autour de son fauteuil une multitude de petits morceaux de mouchoirs déchiquetés. Que dire du regard qu'elle me lança ? Noir ? Non ! Affolé, plutôt…

Ne sachant comment lui exprimer davantage ma compassion sans la perturber, en la raccompagnant à la porte, je pris le risque de continuer sur ma lancée : « Votre maman a peut-être besoin que vous lui parliez. Pourquoi ne pas lui dire à elle tout ce que vous voulez que j'écrive ? Ce n'est pas seulement pour vous, mais pour votre maman que vous pourriez le faire. Il est encore temps de lui dire ce que vous ressentiez et qu'elle ne sait peut-être pas et, même si elle ne vous entend pas, je suis convaincue que vous aurez le cœur moins lourd d'avoir pu lui parler. Et puis, peut-être un jour lui pardonnerez-vous pour être en paix. » Le petit moineau avait déjà pris son envol avant que j'aie fini ma phrase…

Une fois seule, j'ai eu du mal à reprendre pied dans la journée. Où était réellement mon rôle dans cet échange ? Comment accepter de faire de façon consciencieuse et respectueuse le travail qu'elle me demandait tout en ayant le sentiment de ne pas venir en assistance à une personne en danger ? Le mal-être est comme une violence de soi contre soi. Quelles pouvaient en être les conséquences ? Cette cliente me rendait témoin de sa détresse et je ne me sentais pas légitime en me contentant d'écrire son témoignage. Raconter le cheminement vers le désarroi de cette femme mûre, en mal d'amour maternel — d'amour tout court — et d'estime de soi, sa vie brisée encore davantage par la perte de toute relation avec une mère qui ne lui accordait même plus le statut de fille en ne la reconnaissant pas, dire cela, même avec la force de l'écriture, serait dans son état un peu comme un pansement sur une jambe de bois. Je me sentais malhonnête de ne pas l'orienter vers un thérapeute dont il me semblait qu'elle avait un besoin urgent.

D'un autre côté, elle avait trouvé le courage de venir à moi pour garder une trace d'elle-même, de la justification de son sacrifice de vie, et je me conduisais comme si je refusais l'aide qu'elle me demandait en lui parlant d'une thérapie qui l'aurait obligée à ouvrir la boîte de Pandore de la colère.

Comme je m'y attendais, mademoiselle Petit Moineau m'envoya un message pour annuler le troisième rendez-vous et je n'ai plus eu de nouvelles d'elle durant près de deux mois.

Jusqu'à ce qu'un matin, elle sonne à ma porte avec un bouquet de roses. Les fleurs étaient belles. Le sourire de mademoiselle Petit Moineau l'était encore davantage passant du tremblant au radieux.

Les sanglots se mêlaient au rire dans sa voix, mais elle réussit à m'expliquer qu'elle s'était décidée un beau jour — et ce jour restera beau en effet pour elle — à aller voir sa mère pour lui dire les mots qui étaient « dans sa gorge », selon son expression. Assise près du fauteuil où reposait sa mère, elle avait parlé, parlé, parlé. Pas un regard, pas un geste, pas un mot en retour. Elle était repartie désespérée et « vidée » ; mais, me dit-elle, « j'avais l'impression d'être plus légère. »

Le lendemain, lors de sa visite quotidienne à l'EHPAD, elle avait croisé une aide-soignante dans le couloir qui lui avait demandé ce qui s'était passé la veille avec sa mère. « Parce qu'on l'a trouvée en pleurs dans son lit. Elle gémissait : "Pardon ! Pardon, ma petite fille !" Et elle a répété ça pendant des heures. »

« Si je comprenais ? souffla mademoiselle Petit Moineau. Elle me demandait si je comprenais ! J'ai eu l'impression que ça doit faire cela quand on vous libère de prison... » Depuis, sa mère était retournée dans son univers nuageux et redevenue en apparence indifférente, mais, pour mademoiselle Petit Moineau, les nuages étaient nettement moins noirs.

Les « Merci ! Merci ! » dont elle m'abreuva m'apportèrent bien sûr un grand plaisir, mais il n'était rien à côté de mon immense soulagement. J'ai aussitôt repris mon bâton de pèlerin pour lui parler à nouveau de l'importance de l'aide d'un thérapeute. Elle a fait semblant de m'écouter. Peut-être m'a-t-elle vraiment entendue et, comme pour cette démarche accomplie auprès de sa mère, finira-t-elle par tenter l'aventure ?

Je ne saurai jamais comment ce petit miracle a pu se produire. Je ne suis pas compétente pour deviner à quelle partie du cerveau de sa mère les mots de mademoiselle Petit Moineau ont fini par parvenir, je sais seulement que mon métier est souvent compliqué, mais aussi parfois faiseur de grands bonheurs. Et ça me suffit !

Line Cognat-Bertrand
IDONÉAM
Sucy-en-Brie (94)

IDONEAM

Une lettre pour porter l'espoir

Madame R., 61 ans. Cette dame élégante, d'une soixantaine d'années, semble à son aise dans l'existence. D'évidence, elle sait  s'habiller dans les grandes enseignes à la mode, et fréquenter les salons de coiffure chics et les instituts de beauté. Son maquillage discret répond aux standards du moment. Sans compter son allure, qui annonce une personnalité assurée, une éducation assumée. Quelqu'un de bien, bien dans sa vie, à sa place dans le monde, et semblant savourer un bonheur léger et efficace.

Que pourrait-il lui manquer ?

Son appel avait pour objet la rédaction d'une lettre personnelle. Une lettre à sa fille.

Après une présentation réciproque, quelques banalités dont le but est de s'assurer du degré de confiance qu'on peut accorder à son interlocuteur, nous voici devant le cœur du sujet, si je puis dire.

Derrière cette façade agréable à contempler, rassurante, se cache une terrible misère sentimentale. Cette maman, grand-mère d'une petite-fille de six ans, vit recluse dans son monde intérieur. Rejetée par sa fille, madame R. décrit l'absence d'amour filial comme une blessure profonde, une déchirure, dégoulinante de tristesse, et rouverte à chaque pensée tournée vers son enfant. Les yeux de cette belle personne ne sont qu'un abîme au fond duquel hurlent le désarroi et la douleur. Plus de contact, aucune réponse, rien qu'une absence délibérée.

Madame R. voudrait renouer le dialogue. Écrire une lettre lui semble le meilleur moyen, plus adapté qu'un appel téléphonique, que ne prend jamais sa fille. Des mots choisis, des tournures de phrases précises, pour exprimer ce qui se situe à la frontière de l'indicible.

L'entretien, on l'imagine, est chargé d'émotions. Il faut plusieurs pauses pour aller à son terme.

Après avoir écouté ma cliente et compris la nature de ses attentes, je formule quelques propositions de texte. Elle choisit, nous explorons les compositions possibles. Au fur et à mesure de notre échange, elle gagne en assurance, rassérénée par l'idée que cette solution qu'elle osait à peine imaginer est là, à portée de sa main.

Une dernière relecture, et la voici qui sourit enfin. Un peu. Enregistrer, imprimer, transmettre. Elle repart avec la lettre dont elle rêvait, et de l'espoir dans sa démarche.

Pascal Delugeau
VOTRE PLUME 83
Draguignan (83)

Écrire la colère pour révéler l'amour

Elle vit seule, dans une maison devenue avec les années trop grande. Elle a une fille avec laquelle tous les liens sont rompus depuis de trop nombreuses années. Pas d'effilochage, non, une rupture brutale sur un malentendu qui n'a jamais été vraiment compris et qui n'a pas eu non plus le temps d'être exprimé. De ces incompréhensions que la vie cristallise, avec le temps qui passe et qui empêche finalement l'essentiel de se dire ; l'espoir d'abord que les lendemains permettront à nouveau l'échange, avant de comprendre qu'il n'y aura pas de lendemains à cette relation. Cette fille lui a donné une petite-fille, dont elle n'a plus de nouvelles non plus.

Lorsqu'elle me contacte pour écrire le récit de sa vie, je ressens tout de suite la place importante que vont prendre mes visites régulières dans la solitude accablante de cette dame. Elle demande de l'aide pour quelque chose d'essentiel pour elle. Là où tout contact lui est interdit, là où tout droit de réponse lui est ôté, elle a besoin, arrivée au seuil de sa vie, de poser sur le papier le récit de cette dégradation des liens, de sa colère  face à son impuissance, à cette solitude imposée, à ce gâchis. C'est naturel, sans doute, ce besoin de savoir ce que deviennent ses enfants, cette impression de se prolonger dans le vide, naturel comme l'est l'indignation de cet empêchement à dire les choses, à vivre les liens, comme la colère de cette amputation. Remontent les souvenirs des réflexions reçues de plein fouet avec un si grand sentiment d'injustice ; le mal que lui ont fait les mots, lancés avec tant de légèreté, le manque de considération, le manque de compréhension, le manque tout court désormais.

Écrire est ce qui lui reste, comme le seul moyen de dire, d'imprimer, de graver. Pour que cette souffrance ne soit pas vécue pour rien. Pour dire sa colère d'abord, pour s'expliquer avec sa fille comme jamais la vie ne lui donnera l'occasion de le faire, puisqu'elle ne sait même pas où elle habite, elle se réfugie dans ses souvenirs, sa fille petite, l'école, les Noëls en famille, les vacances, la naissance de sa petite-fille, les larmes coulent souvent avant que la colère ne reprenne sa place. Et, avec elle, ressurgissent la douleur, l'injustice, plus que le manque. Ses mots s'imprègnent de rancœur, d'amertume et de ressentiment.

Écrire pour elle. Ressentir le poids de ces mots-là. Et peu à peu leur donner une autre couleur, qui lui permet, à elle, de temporiser, de s'adoucir, de reprendre sa place de mère, blessée certes, mais d'abord aimante. Écrire pour que peu à peu, au fil des mots, elle prenne naturellement conscience de l'impact sur elle de ce manque, et transformer l'indignation, les accusations, l'agressivité d'une femme blessée en déclaration d'amour, et puis profiter du fait que l'écriture permet ce décalage dans le temps et ce respect de la disponibilité du lecteur, qu'elle soit transmise *post mortem*. Une forme de testament pour le récit d'un amour interdit que la destinataire aura le choix de ne pas lire. Ultime précaution bienveillante.

Marie Bernard
POKOAPOKO
Fronton (31)

Histoires partagées

Notre métier d'Écrivain-Conseil® nous offre beaucoup de rencontres inattendues, parfois extraordinaires et souvent émouvantes. Nous en découvrons dans chacune de nos activités, mais c'est probablement lorsque nous réalisons une biographie ou lorsque nous animons des ateliers d'écriture que nous en prenons pleinement conscience.

Dans chaque groupe que nous accompagnons en atelier d'écriture, nous rencontrons des personnalités qui s'expriment au travers d'une écriture ludique et créative que nous leur faisons découvrir.

Nulle prétention dans ces ateliers d'écriture, seul le plaisir de jouer à écrire et, ce faisant, de créer du lien, d'échanger, de rompre l'isolement et de transmettre. Nous, animateurs, sommes souvent surpris par l'intensité des textes partagés, par les émotions qui surgissent, par l'unité du groupe qui se fait naturellement autour d'un principe de bienveillance édicté comme la condition *sine qua non* de cet atelier coopératif. Les « écrivants » le sont aussi.

À l'heure où le projet « 1000 cafés » se met en place pour faire revivre les villages, laissez-vous surprendre par ces retours d'ateliers d'écriture ou de biographies qui, du plus jeune âge au plus ancien, valorisent l'humain.

Une tribune d'existence

Nous intervenions ce jour-là, comme tous les mois, dans un Établissement hospitalier pour personnes âgées dépendantes (EHPAD) de la presqu'île guérandaise. Les résidents de l'EHPAD avaient dénommé notre activité « salon d'écriture ». Pas question pour eux de conserver le titre initial d'« atelier de bricol'âge de mots », par trop futile. C'est dire tout l'intérêt qu'ils prêtaient à cette animation que j'organisais avec mon amie Laurence.

Malgré la richesse de l'offre occupationnelle de leur établissement, ils se montraient particulièrement attachés à nos rencontres. On ne badinait pas avec l'écriture, et c'eût été leur faire offense que de priver cette activité du crédit qu'elle méritait en lui attribuant un nom dénué de prestige ou de raffinement.

Ces héritiers de l'époque du certificat d'études tenaient le français et l'orthographe en haute estime. Ils avaient usé le fond de leurs culottes courtes et leurs jupes sur les bancs de l'école, ainsi que leurs yeux sur les pleins et les déliés, s'étaient échinés à écrire sous la dictée, trempant leur plume Sergent-Major dans les encriers de porcelaine blanche, jusqu'à ce qu'ils maîtrisassent correctement la langue. Dans cette résidence luxueuse, la plupart d'entre eux avaient étudié et exercé des fonctions qui impliquaient d'avoir dominé les principales difficultés du français.

Mais davantage que le plaisir de jouer avec les mots, de s'adonner à une pratique qu'ils appréciaient et que la fierté de faire montre de leurs talents, ils trouvaient dans nos rencontres une tribune. Là, ils ne se sentaient pas réduits à leur âge, mais traités comme des êtres humains à part entière qui pouvaient exercer leur droit de parole — une parole souvent déconsidérée —, et transmettre. S'ils ne parvenaient pas toujours à se défaire d'un sentiment douloureux de perte d'utilité sociale en lien avec leur improductivité économique, tout au moins apaisaient-ils ainsi leur peur confuse d'être oubliés et de ne laisser aucune trace de leur passage dans cette vie. Ils se sentaient écoutés, valorisés et respectés.

La salle peinait désormais à accueillir toutes les personnes intéressées. Les déambulateurs se croisaient et tentaient de se frayer un chemin jusqu'à la place qu'ils s'étaient choisie.

 Jules assistait à nos conciliabules, son regard absent nous traversait sans nous voir et semblait porter vers un univers à lui seul accessible. Ses facultés cognitives étaient largement altérées. Il ne savait plus bien qui était sa femme. La maladie grignotait lentement sa mémoire. Toutefois, il paraissait émerger épisodiquement et entrer en relation avec nous le temps d'une plaisanterie ou d'une réflexion tout à fait pertinente et drôle.

Pour l'heure, il revenait des toilettes, accompagné de sa femme Madeleine qui avait déjà rejoint sa place, tandis que son mari demeurait derrière moi. J'étais penchée au-dessus de Gabrielle. Sentant la présence de Jules derrière moi, je me redressai, me retournai et me retrouvai nez à nez avec lui. Collé à mon dos, il porta une main sur mon omoplate et esquissa un sourire coquin, tandis qu'il me susurra à l'oreille : « J'aime bien quand tu es penchée comme ça ! » D'abord interloquée, je ne pus réprimer un éclat de rire. Curieuse, Laurence m'invita à partager les raisons de mon hilarité, mais je ne pus révéler la teneur des propos de Jules face au groupe. Je crus percevoir que son épouse avait deviné la nature de sa réflexion et qu'elle semblait déjà en éprouver de la gêne. Au temps de sa jeunesse, l'homme devait être familier de ces plaisanteries grivoises.

J'aurais voulu pouvoir dire à Madeleine que rien ne me choquait dans ces badinages, que mon respect demeurait acquis à Jules. Mais je m'en tins là. La tristesse de Madeleine ne m'appartenait pas.

Je songeais à cette transparence, à cette porosité des personnes vieillissantes, à leur pensée perméable, à cette ingénuité parfois déconcertante ou désarmante. Elles se tenaient au monde dans une sorte de nudité, d'authenticité émouvante, de vérité touchante. La maladie levait les inhibitions et dévoilait ces êtres dans ce qu'ils avaient de plus intime, mais aussi, souvent, de plus précieux. Abandonnés à ce qu'ils étaient, ils se révélaient sans honte ni pudeur.

La fin de notre rencontre approcha. Nous n'avions plus guère le temps de terminer toutes les lectures. Pourtant, j'aurais bien aimé entendre Maxime. Sa vie trépidante l'avait mené aux quatre coins du monde. Il n'était pas avare d'anecdotes croustillantes et nous gratifiait souvent de récits longs et captivants. Il avait toute sa tête et conservait une belle vivacité d'esprit. Son humour était demeuré intact. Il hésitait à lire.

Toutefois, Francine l'interpella : « Mais si, parle ! Nous avons tout le temps, personne ne nous attend ! » Comme à l'accoutumée, Maxime se fit un peu prier, mais se plia finalement de bon gré à l'exigence de sa camarade.

Francine était curieuse et espiègle. Elle s'affranchissait progressivement d'une famille qui, en lui imposant de multiples interdits, lui infligeait d'injustes meurtrissures. Timide et en retrait tout au début de nos interventions, elle prenait graduellement confiance et c'était un bonheur de la voir s'épanouir. Elle n'était pas étrangère à l'ambiance bon enfant qui régnait dans le groupe.

La légèreté caractérisait nos prestations. Notre approche se voulait simple, fraternelle et authentique. Débarrassés de l'utile ou de toute idée de performance ou d'élitisme, nos ateliers d'écriture invitaient chacun à dire ce qui l'habitait, dans le respect de l'intimité. Nous ne nous interdisions rien, surtout pas la malice, mais valorisions et soulignions le caractère unique et précieux de tous. Nous prônions la tolérance et nos jeux appelaient à la conversion des regards.

La phrase de Francine me revint à l'esprit : « Personne ne nous attend ! » Elle m'aurait peinée si je n'avais pas vu notre luronne présentement aussi joyeuse. L'isolement des personnes âgées constitue cependant, on ne le sait que trop bien, une réalité cruelle.

Isabelle Pasquereau
À PORTÉE DE MOTS.FR
Saint-Nazaire (44)

Réactiver la mémoire des anciens

Chaque quinzaine, je me rends avec joie et un grand sentiment d'utilité dans un EHPAD (Établissement d'hébergement pour personnes âgées dépendantes) situé dans les Yvelines. J'y rencontre pendant deux heures sept résidents afin de les aider à raconter un pan de leur vie qui les a marqués ou qu'ils aimeraient revivre par l'écriture. Cet exercice — car c'en est un — demande un effort de mémoire à ces retraités. Il leur permet donc un entretien cérébral. De plus, il ravive des émotions ou des souffrances vécues. Mais l'intérêt est surtout de leur faire comprendre que chaque vie a un sens, mais qu'il faut un travail de recherche dans la mémoire pour le découvrir. Seule l'écriture — et la distance au temps qu'elle implique, avec une relecture des évènements — permet cela.

Lorsque je me rends dans cette maison de retraite, j'ai vocation à créer également du lien social entre les résidents qui participent à l'atelier de biographie. En effet chaque séance est consacrée à un usager en particulier, mais l'ensemble du groupe assiste à cette réunion ainsi qu'une animatrice. Donc, lorsqu'une personne « se raconte », les autres peuvent intervenir, poser des questions, comparer avec leur propre vécu, et, en quelque sorte, participer à l'animation des échanges.

Cela réactive en eux un intérêt vital, et peut-être aussi quelque peu une joie passée. Pendant ce moment ils ne sont plus dans l'ennui. Et, même après, car leur esprit chemine sur ce qu'ils ont entendu ou raconté. De plus, ils constatent, en se les remémorant, qu'ils ont vécu des situations, des joies donc des expériences qu'ils peuvent transmettre par le biais de l'écriture. Ce faisant, les participants créent un lien entre eux en apprenant à mieux se connaître et à se découvrir.

Cet exercice de découverte est certainement aussi un peu libérateur pour eux. En effet, à l'automne de leur vie, ils peuvent ainsi alléger la conscience d'une souffrance ou d'un regret. Ils constatent alors les similitudes ou les drames de vie vécus par chacun. Cela leur permet de réfléchir sur leur propre existence, en prenant conscience de ce qu'ils peuvent transmettre à leur tour aux plus jeunes. En effet, ici, les entretiens oraux sont enregistrés dans le cadre d'une séance transcrite ensuite par l'écrivain public.

Le but de ces séances est qu'à la fin, lorsque tous les entretiens auront été rédigés, ils soient ensuite regroupés dans un recueil édité et offert aux participants de la fête de l'EHPAD qui se tient chaque début d'été. Ce livret — qui sera agrémenté de photographies prises par des collégiens — va aussi dans le sens d'une meilleure communication entre les générations où les plus âgés peuvent transmettre une expérience aux plus jeunes.

Il pourrait être intéressant d'encourager ces ateliers de biographies, car ils aideraient les retraités à lutter contre leurs problèmes de mémoire. Écrire ses mémoires, c'est en quelque sorte réactiver ses souvenirs. C'est trouver un sens à sa vie. C'est donc un bienfait pour leur santé ainsi que pour la transmission de leur expérience.

L'écrivain public biographe fait œuvre par ce moyen d'utilité publique. Cependant, en permettant la reconnaissance des anciens, il souhaiterait aussi que son métier si utile, si indispensable soit véritablement reconnu.

François Godet
MA PLUME À VOTRE ÉCOUTE
Paris (75)

Donner confiance

Il y a quelques années, j'ai été sollicitée par la responsable du service d'aide aux devoirs d'un village proche de Toulouse. Elle voulait, en fin d'année scolaire, faire un cadeau aux enfants et aux animateurs bénévoles : le temps de trois ou quatre séances, leur permettre de pratiquer ensemble une activité différente, joyeuse, sans enjeu et directement liée aux apprentissages réalisés dans l'année, un atelier d'écriture.

La première séance avec un groupe est toujours délicate. Il s'agit de faire en sorte que chaque participant s'autorise à écrire, quels que soient son rapport aux mots et à l'écriture, son niveau, son désir. Beaucoup d'enfants — beaucoup d'adultes aussi, d'ailleurs — n'ont pas d'autre expérience que l'écriture scolaire, celle qui consiste à apprendre des règles, à suivre des consignes à la lettre, à écrire « à la manière de ». Et pour beaucoup d'enfants — ou de vieux enfants —, l'écriture est une douleur.

Alors, je commence toujours cette première séance en expliquant que nous allons jouer avec l'écriture. Je dédramatise, j'autorise les fautes d'orthographe — ce qui est écrit dans le temps de l'atelier n'est qu'un premier jet, elles seront corrigées ensuite —, les mots inventés, les phrases au sens très caché. Et souvent, je commence en étalant sur la table une multitude de bandelettes de papier sur lesquelles j'ai inscrit des vers, des mots empruntés aux poètes. Chacun a la liberté d'utiliser ces bandelettes à sa guise pour composer le texte qui lui plaît, son texte, seulement avec les mots des poètes ou en ajoutant des mots à lui dans l'ordre qu'il veut, sans forcément se préoccuper du sens, mais plutôt de ce qui, pour lui, est joli ou sonne juste.

Ce jour-là, les enfants sont entrés dans le jeu à petits pas prudents, encouragés par les adultes qui jouaient aussi, ravis. De longues minutes, ils sont restés concentrés. C'est que cela représente déjà beaucoup de laisser la main aller à gauche ou à droite, de s'emparer de telle bandelette ou de telle autre, de la lire, de déterminer si oui ou non ces mots-là nous plaisent, nous inspirent, de les garder ou de les rejeter, de décider que cela suffit, qu'on a un stock suffisant de mots et de vers pour composer son propre texte. Chaque enfant allait à son rythme et selon sa personnalité. Un grand garçon a choisi de nombreuses bandelettes parce qu'il ne concevait pas d'écrire un texte trop court, une petite blonde de CP en a sélectionné seulement trois ou quatre qui, toutes, parlaient de fleurs et  d'oiseaux. Les bandelettes glissaient sur la feuille, agencées dans un sens, puis déplacées si la lecture ne leur donnait pas entière satisfaction. Quand le résultat était enfin à la hauteur de leur désir, ils prenaient le tube de colle, éventuellement un stylo, et donnaient à leur poème sa forme définitive.

Cela les a occupés longtemps si bien que, quand tous ont eu fini et que le temps de la lecture est venu, l'heure était presque écoulée. Il est important, ce temps de lecture et d'échange, dans le déroulement d'un atelier d'écriture. Il est important pour découvrir ce que les autres ont écrit, cette diversité d'approches, de voies possibles à partir d'une même proposition, mais aussi parce que lire son propre texte à haute voix permet de l'entendre autrement. Il est important également pour tout le positif qui est renvoyé par le groupe à celui qui lit et qui, trop souvent, juge sévèrement sa propre écriture. Je ne voulais pas bâcler ce moment, malgré le temps qui manquait un peu. L'un après l'autre, les participants se sont levés et ont lu leur texte avec application, lentement et en n'oubliant pas de respirer, comme je l'avais demandé.

 Et puis vint le tour de ce garçon qui, à la rentrée suivante, partirait au collège où sans doute, compte tenu de ses difficultés en lecture et en écriture, il aurait du mal dans de nombreuses matières. J'avais senti en lui le manque de confiance dans ses capacités et une estime de lui-même déjà bien entamée. Il s'est levé, il a empoigné sa feuille, il a pris une longue inspiration avec un coup d'œil en biais vers la porte où des parents attendaient en silence. Sa mère et son père étaient là et je me suis douté que cela rendait l'exercice peut-être un peu plus difficile pour

lui. Il a commencé à lire. Un vers. Deux vers. Trois. J'ai vu comme un sursaut dans son souffle, un silence de quelques instants pendant lesquels il a soudain pris conscience que ce qu'il était en train de lire, ce qu'il avait lui-même écrit, avait une valeur. Revenu de son étonnement, il s'est repris et a continué sa lecture avec quelque chose en plus dans la voix, un élan, une force. Et dans les yeux de ses parents, j'ai lu étonnement, joie et fierté.

L'atelier terminé, ils sont repartis tous les trois avec une lumière incroyable dans le regard, et dans le cœur — je veux le croire — la confiance en l'avenir de cet enfant.

Marie-Odile Flambard
JETEPRÊTEMAPLUME
Pechabou (31)

Histoire de... conclure

Nous, Écrivains-Conseils®, avons choisi les quelques témoignages que vous venez de lire parce que nous avons été interpellés par les situations rencontrées. Ils ne sont nullement exhaustifs de ce que peuvent réaliser les professionnels du Groupement des Écrivains-Conseils®, dont les prestations vont de la correction-relecture à l'accompagnement à l'emploi en passant par le conseil en écriture, l'assistance administrative, la rédaction d'articles pour le web, celle de discours, etc.[6]

Nous sommes des caméléons de l'écriture qui allions polyvalence et spécialisation. De formations initiales diverses — en histoire, en littérature, en droit, en sciences, en médical pour n'en citer que quelques-unes —, nos compétences sont complémentaires et, ensemble, nous développons un savoir-faire collectif.

Notre engagement déontologique est décrit par la charte du GREC qui nous astreint à la confidentialité et à une attitude de réserve. Nous partageons tous la même volonté d'écrire pour autrui — pour vous ? pour vos usagers ? — dans le respect et le non-jugement des personnes. Pour nous, être Écrivains-Conseils® est un choix, une vocation. Nous avons le goût du mot juste, du travail bien fait et, par-dessus tout, du service rendu.

Nous espérons à travers ce livre vous avoir sensibilisés à l'importance d'un métier qui nous tient tellement à cœur et que vous aurez, à votre tour, envie de le promouvoir.

N'hésitez pas à faire voyager ces témoignages !

---

[6] L'intégralité des champs couverts est à l'adresse : https://ecrivainsconseils.net

Remerciements

Ce recueil a été coordonné par ceux qui constituaient le GREC Île-de-France au début 2019. Cette commission a ensuite accueilli deux nouveaux membres, Delphine Roinel et Sylviane Lamant. Elles se sont jointes à nous pour relire et corriger les textes que vous avez pu découvrir. Nous les en remercions chaleureusement.

Ces textes émanent de membres du Groupement des Écrivains-Conseils® qui ont pris du temps sur leurs multiples activités pour les formaliser. Merci à eux, sans qui *Écrire pour dire, vivre, survivre* n'aurait pas pu voir le jour.

Merci également au Groupement des Écrivains-Conseils® d'avoir financé l'impression d'exemplaires pour une distribution aux autorités compétentes et autres personnalités.

Les coordonnateurs

Sandra Bensaïd, Chrystelle Chabanne-Chevalier, Line Cognat-Bertrand, François Godet, Murielle Naïtali

Contributeurs

Ont participé à la rédaction de ce recueil :

Sandra BENSAÏD, Marie BERNARD, Chrystelle CHABANNE-CHEVALIER, Line COGNAT-BERTRAND, Florence CORTES, Pascal DELUGEAU, Marie-Odile FLAMBARD, François GODET, Laurence MACQUART, Pascale MALEVERGNE, Françoise MARTEL, Murielle NAÏTALI, Isabelle PASQUEREAU, Marie-Françoise SCHENKEL.

Ont participé à sa relecture :

Sandra BENSAÏD, Chrystelle CHABANNE-CHEVALIER, Line COGNAT-BERTRAND, Pascal DELUGEAU, François GODET, Sylviane LAMANT, Pascale MALEVERGNE, Murielle NAÏTALI, Isabelle PASQUEREAU, Delphine ROINEL.

Présentation du GREC

Écrire pour vous. Le GREC, un réseau national de professionnels qui vous accompagne dans tous vos projets d'écriture.

Un Écrivain-Conseil®, pour qui ? pourquoi ?

L'Écrivain-Conseil® intervient auprès de tous types de clients, particuliers, entreprises, collectivités territoriales et associations.

Ce professionnel de l'écriture exerce un métier à multiples facettes : rédaction, mise en valeur de documents, accompagnement rédactionnel, conception de supports de communication.

Il rédige des documents clairs, efficaces, et de qualité, au plus près de vos besoins, qu'ils soient administratifs, professionnels, personnels, au long court ou immédiats, individuels ou collectifs.

Il vous conseille et apporte des solutions adaptées à chacune de vos attentes.

Un Écrivain-Conseil®, comment ?

Certains Écrivains-Conseils® vous reçoivent sur rendez-vous, à leur cabinet ou lors de permanences dédiées, d'autres se déplacent à votre domicile. La plupart travaillent aussi à distance.

L'expertise de chacun a été testée et validée par les garants du groupement. Elle s'exerce dans le cadre d'une activité déclarée et dans le respect de la charte du GREC.

Des prestations complémentaires

Transmettre par l'écrit

- Courrier
- Biographie, récit de vie, monographie
- Écriture littéraire pour autrui

Perfectionner et mettre en forme

- Relecture, correction, réécriture
- Mise en page

Être soutenu comme auteur

- Conseil en écriture
- Accompagnement méthodologique
- Soutien à l'édition et à l'autoédition

Vaincre les démarches administratives complexes

- Assistance administrative, écrivain public, secrétariat indépendant
- Écrivain public numérique

Donner de l'impact aux écrits professionnels

- Candidatures et profils *web*
- Écrits de communication *print* et *web*
- Dossiers de synthèse de communication et de présentation

Écrire pour le plaisir

- Atelier d'écriture

Mettre l'écrit au service de l'oral

- Discours
- Transcription, compte rendu, synthèse

La garantie d'un professionnalisme et d'une déontologie

Les Écrivains-Conseils® sont tous signataires de la charte du GREC. Ils s'engagent à réaliser des travaux de qualité, à une totale confidentialité, à une attitude de non-jugement et au respect de l'ensemble des valeurs du groupement : partage, solidarité, loyauté, respect, exigence.

Soucieux de promouvoir et d'assurer l'excellence du métier, le groupement a mis en place un programme de formations dispensées par des Écrivains-Conseils® expérimentés, tournées vers l'accompagnement personnalisé des stagiaires.

Pour en savoir plus

https://www.ecrivainsconseils.net

Charte de déontologie

La charte du GREC est la profession de foi de l'Écrivain-Conseil®. Elle traduit son engagement déontologique. Fondement éthique de leur pratique, elle engage tous les membres du groupement.

Exercice de l'écriture

- L'Écrivain-Conseil® est un professionnel de l'écriture pour autrui, il assure des prestations en rapport direct ou indirect avec l'écriture.
- Il possède de solides compétences en écriture qu'il met au service de ses clients. Il sait produire un écrit de qualité, utilisant un vocabulaire et un style adapté à la commande, rigoureusement respectueux des règles grammaticales et typographiques.
- Il s'engage au respect de la langue.
- Il s'engage dans un processus continu d'amélioration de la qualité de ses prestations.

Rapport au client

- L'Écrivain-Conseil® s'engage à mettre à la disposition de sa clientèle des compétences et moyens adéquats aux travaux confiés ; à défaut, il oriente ses clients vers un professionnel à même de répondre à sa demande.
- Il exerce sa mission dans une attitude de non-jugement et de respect de la personne. Il s'oblige à une attitude bienveillante et s'interdit tout propos méprisant ou dénigrant envers les personnes susceptibles de faire appel aux services d'un Écrivain-Conseil® du fait de leurs difficultés, entre autres, avec la pratique de l'écriture.

- Il s'astreint à la confidentialité sur toutes les informations qui lui sont confiées par ses clients. Il observe une attitude de réserve pour éviter tout risque de reconnaissance des personnes lorsqu'il est amené à évoquer des cas pratiques dans le cadre d'une communication sur l'exercice de son métier. Il peut toutefois communiquer sur une prestation pour un client identifiable si celui-ci lui en a donné l'autorisation écrite.
- Il applique les tarifs qu'il a mentionnés sur son site Internet et sur ses outils promotionnels, ou qu'il a affichés dans son cabinet.

Obligations légales

L'Écrivain-Conseil® s'oblige à déclarer son activité.

- Il souscrit les contrats d'assurance responsabilité civile adaptés à son statut et nécessaires à son activité.
- Il respecte les domaines protégés des autres professions.
- S'il gère des bases de données, il s'inscrit auprès de la CNIL (Commission nationale de l'informatique et des libertés). Il respecte le RGPD (Règlement général sur la protection des données).
- Sur son site Internet et dans son cabinet, il affiche, outre ses tarifs :
  - l'interdiction qui lui est faite par la loi de dispenser du conseil notarial, comptable ou juridique ;
  - les coordonnées de l'Ordre des notaires, de l'Ordre des experts-comptables et du Barreau géographiquement compétents.
- Il respecte l'interdiction de diffuser des propos révisionnistes, portant atteinte à la vie privée, négationnistes, discriminatoires, insultants ou calomnieux, ou portant atteinte à la dignité humaine et aux droits de l'homme, ainsi que l'interdiction de traiter des données, informations ou documents dont la gestion le conduirait à ne pouvoir respecter la législation et la réglementation en vigueur.

Clause de conscience

- L'Écrivain-Conseil® a le droit de faire jouer la présente clause de conscience pour refuser ou ne pas poursuivre toutes prestations et travaux contraires à la loi ou qui le conduiraient à ne pouvoir respecter l'un ou l'autre des principes du présent code déontologique ou qui heurteraient ses propres valeurs.

Obligations confraternelles

- Les Écrivains-Conseils® sont solidaires entre eux. Ils entretiennent des liens confraternels et se doivent mutuellement assistance morale et conseils.
- Ils s'engagent au respect, à la tolérance et au non-jugement avec le libre droit de s'exprimer, dans l'absence de hiérarchie entre les membres. Ils doivent faire preuve de bienveillance : porter attention à l'autre, être dans l'humilité.
- Ils participent activement au réseau interne de compétences du GREC.
- La concurrence entre confrères ne doit se fonder que sur la compétence et les services offerts aux clients.
- Sont considérés notamment comme des actes de concurrence déloyale prohibés :
  - toute tentative d'appropriation ou de détournement de clientèle par la pratique de sous-évaluation trompeuse des opérations projetées et des prestations à fournir ;
  - toute démarche ou entreprise de dénigrement tendant à supplanter un confrère dans une mission qui lui a été confiée.

L'adhésion au GREC implique l'acceptation formelle de chaque engagement de cette charte. Tout manquement à un seul ou à plusieurs d'entre eux pourra être sanctionné par l'exclusion.